Marc Wiederkehr
Lange Schatten über Spanien

Autor und Verlag danken der Kairos-Stiftung, Zürich, für die Unterstützung.

Der Zytglogge Verlag wird vom Bundesamt für Kultur mit einem Strukturbeitrag für die Jahre 2021–2024 unterstützt.

© 2022 Zytglogge Verlag, Schwabe Verlagsgruppe AG, Basel
Alle Rechte vorbehalten
Lektorat: Tobias Weskamp
Umschlaggestaltung: Hug & Eberlein, Leipzig
Coverfotos: © Ralph Hug / Archiv IG Spanienfreiwillige
Layout/Satz: 3w+p, Rimpar
Druck: CPI books GmbH, Leck

ISBN: 978-3-7296-5089-3

www.zytglogge.ch

Marc Wiederkehr

Lange Schatten über Spanien

Wie ein Schweizer in den Bürgerkrieg geriet

Roman

ZYTGLOGGE

*Meiner Familie, vor allem meiner Mutter
und Onkel Jobin, den zwei liebsten Menschen,
die ich (bis anhin) kennenlernen durfte.
Speziell meiner Frau, die mir als Sparringspartnerin
zu diesem Buch zur Seite gestanden hat und
mir allgemein in meinem Leben zur Seite steht.
Urs Hallauer, lebende Enzyklopädie und Weinliebhaber,
dessen Verbindungsname in dieser Erzählung
ein paarmal erwähnt wird.
Ein herzliches Dankeschön an Heidi Bono
für die Durchsicht des Manuskripts und
ihr Gutachten dazu und an David Honegger,
der mir bei der Titelwahl geholfen hat.*

Die Haupthandlung in diesem Roman ist fiktiv.
Die wirklichen Geschichten und Schicksale
der rund 800 Männer und Frauen, die sich von
der Schweiz aus für die Zweite Spanische Republik
in den 30er-Jahren des vergangenen Jahrhunderts
eingesetzt haben, lieferten die Basis
und Inspiration dazu.

Inhalt

Unser Onkel 11

San Pedro de Cardeña 15

Die Entdeckung 19

Aufzeichnungen vom Spanischen Bürgerkrieg 25

Der Brief 163

Epilog: El Valle de los Caídos 171

Nachwort des Autors 177

Über diesen Roman
Betrachtungen von Jaime Siles 181

Quellenregister – Literatur und Zeitschriften 187

Quellenregister – Internet 195

Caminante, son tus huellas
el camino, y nada más;
caminante, no hay camino,
se hace camino al andar.
Al andar se hace camino,
y al volver la vista atrás
se ve la senda que nunca
se ha de volver a pisar.
Caminante, no hay camino,
sino estelas en la mar.

Wanderer, nur deine Spuren
sind der Weg, und weiter nichts;
Wanderer, es gibt keinen Weg,
der Weg entsteht, wenn man ihn geht,
erst im Gehen entsteht der Weg,
und wendet man den Blick zurück,
so sieht man auf den Pfad,
den niemals erneut man je betritt.
Wanderer, es gibt keinen Weg,
nur Kielwasser im Meer.

ANTONIO MACHADO (1875–1939)

«*Las cosas podían haber sucedido de cualquier
otra manera y, sin embargo, sucedieron así.* –
Es hätte auch ganz anders kommen können, und
trotzdem sind die Dinge geschehen, wie sie sind.»

MIGUEL DELIBES (1920–2010), aus dem Roman
«El camino» – «Die letzte Nacht im Tal»

«*La sombra del ciprés es alargada* –
Lang ist der Schatten der Zypresse»

Frei übersetzter Titel eines Romans
von MIGUEL DELIBES

Unser Onkel

Im Nachhinein, wenn ich es mir gut überlege, weiss eigentlich niemand so genau, wer unser Onkel Jobin wirklich war. Jener bejahrte Herr, der immer höflich, hilfsbereit und doch manchmal vielleicht auch etwas mühsam im Umgang war. Altersbedingt hatte er Gewohnheiten und Ticks, wie sie sich im Verlauf eines Lebens halt so ansammeln. Zum Beispiel zog er sich die Hosen zurecht, bevor er sich setzte, damit keine Falten entstanden, oder er prüfte stets gewissenhaft mit einer Hin-und-her-Bewegung den Leergang im Auto, bevor er den Motor startete. Alles, was er tat, machte er exakt und pingelig. Er war immer allgegenwärtig in unserer Kindheit, und dies, obwohl Onkel Jobin nicht einmal unser richtiger Onkel war und keinerlei Blutsverwandtschaft mit irgendeinem von unseren Vorfahren aufwies. Aber er gehörte zu unserem Familienkreis. Unsere Grosseltern mütterlicherseits haben wir nie gekannt. Mein Grossvater schied freiwillig aus dem Leben, als meine Mutter noch ein kleines Mädchen war, und meine Grossmutter verstarb an einer unheilbaren Krankheit, kurz nachdem meine Mutter ihren Lehrabschluss absolviert hatte. Sie hatte kaum noch Erinnerungen an ihren Vater oder wollte diese einfach verdrängen. Jedenfalls hatte sie uns selten etwas von ihm erzählt, und weil auch sie weder Geschwister noch Onkel oder Tanten hatte, war Onkel Jobin der einzige lebende «Verwandte» aus dem Familienzweig meiner Mutter.

André Jobin – oder *Jobi*, wie wir ihn nannten – war ein Bürokollege meiner Eltern. Vielmehr meiner Mutter, die dazumal als Büroangestellte ihre erste Festanstellung bei einer namhaften Kaffeeimportfirma und Rösterei in Bern innehatte. Diese Stelle war ihr nach dem Hinschied ihrer Mutter durch einen Rechtsanwalt, den Ehemann einer Freundin meiner Grossmutter, vermittelt worden. In diesem Unternehmen haben sich meine Eltern kennengelernt, und ich bin dann ein paar Jahre später als ihr erstes von insgesamt drei Kindern auf die Welt gekommen. Meine Mutter arbeitete in der gleichen Abteilung wie Onkel Jobin. Er war für die Abwicklung der Warenimporte aus Zentralamerika verantwortlich. So aus der Perspektive der Zeit glaube ich auch, dass er trotz des Altersunterschieds und des Zivilstands meiner Mutter in sie verliebt war. Ich erinnere mich, dass er sie immer liebevoll und besonders zuvorkommend behandelte. Dieses Thema wurde jedoch zu Hause nie erwähnt, und es ist mir auch nicht bekannt, dass Onkel Jobin konkrete Schritte unternommen hätte, um seine hypothetische Liebe zu meiner Mutter ihr in irgendeiner Form zu bekunden. Im Gegenteil, er verhielt sich stets korrekt gegenüber ihr und meinem Vater. Meine Eltern haben ihn auch nie geduzt, sondern immer mit Herr Jobin angesprochen. Wie dem auch sei, unsere Erinnerungen an Onkel Jobin werden wir drei Geschwister immer in liebenswürdiger Weise mit uns tragen: Der Onkel, der einen Volkswagen Modell Käfer fuhr, stets im Anzug erschien und einst Kettenraucher gewesen war, was sein hinkendes – wie man uns sagte – Raucherbein (dessen genaues Aussehen ich mir nie vorstellen konnte) und eine Lunge, die nicht mehr als zehn Schritte zuliess, ohne dass er eine Pause machen musste, merklich bezeugten, wie auch der Notproviant für sechs Monate potenzieller Krisenzeiten, den er in seinem Einzimmerappartement in Bern hortete.

Jobin stammte aus dem Berner Seeland, war Hornbrillenträger, roch nach Naphthalin, wie dazumal für uns alle älteren Leute, war ledig und wahrscheinlich zeit seines Lebens ein Einzelgänger und ein einsamer Mensch. Umso mehr freute er sich jeweils auf seinen wöchentlichen Besuch bei uns zu Hause. Auch wir freuten uns, wenn er kam, weil wir wussten, dass Onkel Jobin uns Kindern immer eine kleine Überraschung mitbrachte. Meistens handelte es sich um einen Zustupf zu unserem Taschengeld. Ich erhielt jeweils etwas mehr als meine zwei jüngeren Schwestern, eine Tatsache, die meine Mutter stets vertuschen wollte, damit sich niemand benachteiligt fühlte. Onkel Jobins Besuchstage bei uns in der Provinzstadt verliefen immer nach dem gleichen Prozedere: Seine Ankunft wurde von unserer enthusiastischen Begrüssung umrahmt. Danach versteckte *Jobi* seine Mitbringsel in unseren Zimmern, und wir machten uns sofort daran, sie zu suchen. Stolz präsentierten wir Kinder ihm nachher unsere neuesten künstlerischen Zeichnungen, Schularbeiten, Noten von Examen oder spielten ein neu einstudiertes Stück auf dem Klavier vor. Darauf folgten das Mittagessen und ein langer Nachtisch mit Gesprächen zwischen unserem Onkel und meiner Mutter (hie und da auf Französisch, damit wir Kinder nichts verstanden, weil es sich wahrscheinlich um unsere Geburtstags- oder Weihnachtsgeschenke handelte). Zum Abschied winkten wir am Fenster, und der Onkel machte sich noch bei Tageslicht auf die Rückfahrt auf der alten Landstrasse nach Bern; seine Ankunft in seiner Wohnung wurde mit einem unbeantworteten und einmaligen telefonischen «Glöggle» bestätigt.

So war unser Onkel Jobin, wie wir ihn kannten. Er starb, als ich siebzehn Jahre alt war. Natürlich waren wir alle traurig über den Hinschied, und sein Begräbnis auf einem Berner Friedhof war die erste Beerdigung, an der ich teilnahm. Ich mag mich noch erinnern, dass nur etwa ein halbes Dutzend Leute anwesend war. Meine Mutter war die einzige Erbin des bescheidenen Nachlasses. Mit Onkel Jobins Tod ging eine Etappe unserer Kinder- und Jugendzeit zu Ende, und während mehr als dreissig Jahren bis zur Niederschrift dieses Buches, in denen es unzählige Ereignisse in meinem Leben gab, waren die Erinnerungen an *Jobi* unberührt in einem Archiv meines Gedächtnisses abgelegt gewesen.

San Pedro de Cardeña

San Pedro de Cardeña ist eine Klosteranlage im Norden von Spanien. Mitten in einer typischen kastilischen Landschaft erhebt sich ein alter Bau, den man auf einer Überlandstrasse vom etwa zehn Kilometer entfernten Burgos her erreicht. Heute wird das Kloster vom Benediktinerorden geführt. Rund ein Dutzend Mönche sind in der Abtei präsent und gehen ihrer Berufung nach.

Einer jener Ordensbrüder hatte uns an einem lauen Sonntagnachmittag im Spätsommer empfangen und uns freundlicherweise einen Teil des Klosters gezeigt. Nach dem Rundgang durch die Hauptkirche führte uns der Mönch in eine Nebenkapelle, in der während Jahrhunderten der spanische Nationalheld Rodrigo Díaz de Vivar – *El Cid* – und seine Gattin Doña Jimena in einem Sarkophag geruht hatten. Die Steinhüllen sind heute noch zu besichtigen. Der Mönch wies uns darauf hin, dass die säkularen französischen Truppen bei ihrer Exkursion auf die iberische Halbinsel Anfang des neunzehnten Jahrhunderts die Kultur- und Kirchengüter schwer verunstaltet hätten und deshalb von den Gesichtern auf dem Steinsarg keine Konturen mehr zu sehen seien. In der Zeit nach seinem Tod im ausgehenden elften Jahrhundert wurde die Legende um *El Cid* zu nationalistischen Zwecken mythologisiert und geformt, und das Kloster von San Pedro de Cardeña wurde zu einer richtigen Kultstätte. Das Ehepaar Díaz de Vivar wurde jedoch im Jahre 1835 in die nahe gelegene Kathedrale von Burgos umgebettet. Für *El Cid*, der in unzähligen siegreichen Schlachten gegen die Maurenstämme zog und eine wichtige Integrationsfigur für die Vereinigung des kastilischen Königreichs darstellte, war die majestätische Kathedrale von Burgos würdiger und trug mehr zu seiner Aura bei als eine abgelegene kleine Klosterkapelle.

Wir setzten unseren Rundgang fort, und unser Führer zeigte uns Kirchenschätze und Dokumente, die für die westliche Kulturentwicklung in Europa nicht unbedeutend waren. So etwa Handschriften des zwölften Jahrhunderts aus dem Skriptorium, dessen Abschriften sich nicht nur im Nationalen Archäologiemuseum in Madrid, sondern unter anderen auch im New Yorker Metropolitan Museum of Art befinden. Trotz der interessanten Ausführungen hatte ich schon bald automatisch meinen passiven Empfangsmodus eingeschaltet (ich kann seit meiner Universitätszeit niemandem mehr als eine Dreiviertelstunde aktiv zuhören, es sei denn, es geht um ein musikalisches Thema oder ich bin in einem Konzert) und überliess die Fragen an den Benediktiner meiner Frau. Nach dem romanischen, dem gotischen und dem barocken *repaso* der Klosterarchitektur öffnete unser Führer eine kleine Tür hinter dem Hochaltar. Ein schmaler und schlecht beleuchteter Gang führte uns in ein Hinterzimmer, in dem sich zwei weitere Schauvitrinen mit Kunstschätzen befanden. Obwohl kein Fenster zu sehen war, hatte ich das Gefühl, einen leichten Luftzug zu spüren. Während einiger Sekunden fühlte ich ein unbeschreibliches Unbehagen in jenem schummrigen Raum hinter den dicken Klostermauern und mit dem weiss gekleideten Kapuzenmönch neben uns, der nicht innehielt, mit seinem reich bestückten Schlüsselbund zu spielen, als wäre er Petrus persönlich. Ein paar Schritte weiter, am anderen Ende des Raumes, befand sich eine Wendeltreppe. Meine Frau ging auf sie zu, um sie genauer zu betrachten, als der Mönch schroff darauf hinwies, diese Treppe sei nicht begehbar und wir könnten hier nicht weitergehen.

«Wohin führt diese Wendeltreppe?», fragte meine Frau.

Sie hob hervor, dass jenes Objekt ein architektonisches Kunstwerk sei, das einer streng geometrischen Anordnung folge und, aus der Froschperspektive betrachtet, einem versteinerten Ammoniten gleiche.

«Die Treppe führt in einen anderen Trakt des Klosters, der leider nicht für die Öffentlichkeit zugängig ist. Wollen wir zurückgehen?», fuhr der Mönch fordernd fort.

Ich wachte aus meinem Passivmodus auf und fragte ihn, ob ich ein Foto von der Treppe machen dürfe.

«Selbstverständlich», entgegnete der Mönch. «Stellen Sie sich unten hin und versuchen Sie, die zentrale Achse der Wendeltreppe zu fotografieren. Sie werden sehen, dass diese Perspektive etwas Unendliches und Vollendetes für unsere Sinne darstellt.»

Ich folgte der Anweisung und stellte mich an der untersten Treppenstufe hin, um mit meinem Smartphone ein oder zwei Fotos zu machen. Da ich nicht gleich mit dem Resultat zufrieden war, versuchte ich es erneut, diesmal aber von einer etwas anderen Position aus. Ich legte das Gerät auf einen Steintritt, der etwa auf meiner Hüfthöhe war. Dabei bemerkte ich einige von Hand in die Treppenstufen eingekerbte, gut sichtbare Inschriften. Daten, Namen und Vornamen spanischer Herkunft, aber auch solche mit englischen, deutschen und französischen Provenienzen. Etwas naiv fragte ich, ob jene Inschriften noch von Napoleons Truppen stammten. Der Mönch antwortete mir aber nicht und machte mit seinem Schlüsselbund ungeduldig Anstalten, den Raum wieder zu verlassen und die Tour zu beenden.

«Warten Sie noch einen Augenblick», bat ich ihn. «Ich möchte noch ein letztes Foto schiessen.»

Der Wunsch wurde mir gewährt, und ich fotografierte auf Anleitung meiner Frau hin noch einmal die Wendeltreppe und die eingekerbten Namen. Wir gingen zurück zum Hochaltar, wo sich der Ordensmann bekreuzigte, verliessen gemeinsam die Klosterkirche und traten hinaus auf den Vorplatz, der mit zahlreichen Ausflüglern besetzt war. In seiner missionsfreudigen Art verwies uns der Mönch auf den Souvenirladen, in dem Artikel aus der klösterlichen Eigenproduktion zu guten Preisen angeboten würden. Wir dankten ihm für die Führung, entschlossen uns aber, direkt zum Auto zu gehen, um möglichst schnell die Heimreise nach Madrid anzutreten, die, wie wir wussten, wegen des sonntäglichen Staus zurück in die Grossmetropole länger dauern würde.

«Was meinst du, warum kann man die restlichen Trakte des Klosters nicht besichtigen?», fragte ich meine Frau und fuhr fort:

«Die Klosteranlage ist ausgedehnt, und der Mönch hat uns bloss die Kirche und ein paar Nebenräume gezeigt. Die Abtei ist aber sicher drei- bis viermal grösser. Auch der Umschwung um das Kloster ist sehr grosszügig.»

«Es kann sein, dass die restlichen Räume architektonisch nichts Sehenswertes zu bieten haben oder vielleicht auch nicht restauriert sind. Vermutlich befinden sich hinter dem romanischen Kreuzgang auch nur die Schlafgemächer und die Arbeitsstätten der Mönche, die ja nun wirklich nichts Interessantes darstellen und zur Privatsphäre des Ordens gehören.»

Ich gab mich mit der Erklärung zufrieden, startete den Motor, schaltete das Navigationsgerät ein und programmierte es auf unsere Heimadresse (243 Kilometer).

Die Entdeckung

Nach jenem Ausflug in den Norden von Spanien kehrten wir wieder in unseren Alltag zurück. Die Wochen vergingen ohne spezielle Ereignisse, bis mich an einem Mittwochmorgen meine Frau im Büro anrief.

«Hör mal, wo hast du die Fotos von Burgos? Ich suche diese Wendeltreppe vom Kloster, weisst du noch?»

«Ich denke, dass diese Fotos irgendwo in unserem Datenfriedhof auf der Festplatte unseres Computers ruhen. Ich lege alle Fotos periodisch dort ab. Schau doch mal nach und such nach dem Datum des Ausflugs.»

Meine Frau bedankte sich für den Tipp. Zehn Minuten später rief sie mich wieder an und fragte:

«Hast du mir nicht mal von eurem Onkel Jobin erzählt? Sein Name steht hier eingeritzt in der Wendeltreppe des Klosters von San Pedro de Cardeña.»

Ich ging nicht gross darauf ein und entgegnete, dass ich unbedingt noch die Eingabe des Budgets unserer Firma beenden müsse und wir ja die Bilder nach dem Nachtessen in aller Ruhe anschauen könnten. Als ich nach der Arbeit zurück nach Hause fuhr, kam mir in den Sinn, was mir meine Frau am Telefon mitgeteilt hatte. Warum brachte sie wohl meinen Onkel mit San Pedro de Cardeña in Verbindung? Wir nahmen unser Nachtessen ein und kommentierten die aktuellen Tagesgeschehnisse. Unser Sohn brachte wieder einmal eine ungenügende Note in Mathematik nach Hause, unsere Tochter hatte ihren Schülerausweis verloren und brauchte unsere Unterschriften in einem Formular für die Neubestellung des Dokuments, die Reinigungsfrau konnte an jenem Tag nicht vorbeikommen, weil ihre Mutter zu Untersuchungen ins Spital eingeliefert worden war, das Meerschweinchen fing sich auf unerklärliche Weise eine Erkältung ein, und der Schatzmeister der amtierenden Regierungspartei veruntreute nachweislich Millionen an öffentlichen Steuergeldern und war immer noch auf freiem Fuss.

Nachdem es im Haus ruhig geworden war, startete meine Frau den Computer und suchte das erwähnte Bild von der Wendeltreppe. Tatsächlich fanden wir unter den zahlreichen Inschriften, gut leserlich, den Namen ANDRÉ JOBIN und das Jahr 1938 in Klammern. Auch andere Namen, Jahresdaten und Sprüche waren zu lesen:

CHARLES COUBERT, FRANÇOIS BEQUET, JAMES CANAGHAN, PAUL WANZEL, FRANK PAPP, BOB DOYLE, JAVIER NIETO, 1937, 1938, 1939, 1940, «VIVA LA LIBERTAD», «ABAJO EL FASCISMO», «VENCEREMOS».

«Diese Inschriften stammen aus der Zeit des Bürgerkriegs und sind von Personen eingeritzt worden, die auf der republikanischen Seite standen», meinte meine Frau und fuhr fort:

«Obwohl der Krieg eigentlich 1939 beendet wurde.»

«Ja, das könnte sein», erwiderte ich und dachte laut nach:

«Es gibt aber zwei Tatsachen, die mir nicht so logisch vorkommen: Erstens, was haben diese Inschriften in einem Kloster zu suchen, und zweitens, wie soll ich den Bogen spannen von diesem ANDRÉ JOBIN (1938) zu meinem Onkel Jobin? Ich denke, dass sich der erste Zweifel schnell lösen lässt ...»

Ich öffnete Wikipedia, um etwas mehr Hintergrundinformationen über San Pedro de Cardeña zu erfahren.

Tatsächlich handelt es sich um ein wichtiges Kloster, wie wir ja schon wussten, nicht nur vom architektonischen Standpunkt, sondern von den geschichtlichen Ereignissen her, die dort stattgefunden hatten: moslemische Angriffe, *El Cid*, napoleonische

Truppen, Desamortisation im achtzehnten Jahrhundert, und – siehe da – von 1936 bis 1940 war es ein Konzentrationslager für Kriegsgefangene.

«Unglaublich!», rief ich aus.

«Ein Kloster, das als Gefängnis missbraucht wurde.»

Wie konnte dies mit der katholischen Moralvorstellung der erzkonservativen Franco-Faschisten in Vereinbarung gebracht werden? Der erste Zweifel war also geklärt. Während und kurz nach Beendigung des Spanischen Bürgerkriegs wurde das Kloster zu einem Gefangenenlager umgenutzt. Gemäss der Information aus dem Internet wurden dort Tausende von Franco-feindlichen Soldaten und Zivilpersonen inhaftiert, für Zwangsarbeiten eingesetzt oder einfach eingesperrt, bis sie abgeurteilt, ausgetauscht oder erschossen wurden. Logisch, dass diese unrühmliche Tatsache nicht im offiziellen Klosterführer erwähnt wird. Sicherlich hat man nach der Auflösung des Konzentrationslagers versucht, alle Spuren zu verwischen.

«Und der Name deines Onkels?», hakte meine Frau nach.

«Das ist sicher ein Zufall. Jobin ist in der welschen Schweiz und in anderen frankophonen Ländern ein gängiger Name. Ich würde ihn nicht gerade mit Meier oder Müller im deutschsprachigen Raum gleichsetzen, doch ich denke, dass der Name ziemlich geläufig ist. Zudem ist mir nicht bekannt, dass Onkel Jobin eine Verbindung zu Spanien hatte und in der Vergangenheit politisch aktiv war. Er war ja *nur* ein normaler Büroangestellter.»

«Trotzdem könntest du der Sache nachgehen», drängte meine Frau und fuhr fort: «Du bist ja geschichtsinteressiert und wolltest stets mehr über den Spanischen Bürgerkrieg erfahren und den Gründen nachgehen, wie es zum Konflikt gekommen ist und welche Folgen er bis in die Gegenwart gehabt hat.»

«Stimmt, aber jetzt bin ich müde, und morgen muss ich früh im Büro sein, weil ich verschiedene Sitzungen vorzubereiten habe. Ich werde bei Gelegenheit meine Eltern fragen, ob es da eine Lücke in *Jobis* Biografie gibt, die ich bisher nicht gekannt habe.»

Die Geschichte liess mich trotzdem nicht los. Noch am nächsten Tag, zwischen einem längeren Telefongespräch mit unserer Firmenzentrale in London und einer Budgetsitzung mit meinem Vorgesetzten, rief ich meine Mutter an und wollte wissen, ob sie einen möglichen Zusammenhang zwischen unserem Onkel Jobin und Spanien sehe.

«Jobin und Spanien?», antwortete sie. «Das kann ich kaum glauben. Herr Jobin war meines Wissens gar nie lange im Ausland. Vielleicht besuchte er einmal Paris, aber ich glaube nicht, dass er viel weiter gekommen war. Er hing sehr am Berner Oberland und am Seeland und ist in seinen Jugendjahren auch viel mit dem Rennvelo unterwegs gewesen. Aber ins Ausland ...? Warum willst du das wissen?»

Ich erzählte ihr von unserem Ausflug vor einigen Wochen nach Burgos und der Entdeckung der Inschriften.

«Ja», fügte ich hinzu, «ich bin zum gleichen Schluss gekommen. Theoretisch könnte es ja sein, dass er sich in seinen jungen Jahren, wie viele andere Schweizer dazumal, für die Republikaner im Spanischen Bürgerkrieg engagiert hat, aber ich denke, dass wir dies wüssten, es wäre doch ein wichtiges biografisches Ereignis gewesen und sicher bei Gelegenheit bei uns zu Hause zur Sprache gekommen. Ich glaube auch nicht, dass mein Vater es geduldet hätte, einen angeblichen Linken in unserer Familie aufzunehmen.»

«Wann kommst du wieder einmal in die Schweiz?»

«Bald, Mutter. In vierzehn Tagen haben wir ein *Meeting* in Zürich, und ich werde bei euch übernachten.»

Zwei Wochen später flog ich ins verregnete Zürich. Wir hatten ein Treffen mit allen europäischen Niederlassungen unserer Unternehmensgruppe. Die Veranstaltung hielten wir in einem Hotel in der Nähe des Hauptbahnhofs ab. Nach dem ersten Tag war auch ein Nachtessen eingeplant, das ich aber ausliess. Ich nahm stattdessen den Zug und fuhr zu meinen Eltern. Wie immer, wenn ich zurück nach Hause kam, bereitete meine Mutter ein reichhaltiges und typisch schweizerisches Gericht vor. Wahrscheinlich glaubte sie, dass ich, nach so vielen Jahren Ausland, in Sachen Rösti und Geschnetzeltes irgendwie auf Entzug wäre. Mein Vater öffnete eine gute Flasche Rotwein und berichtete über die aktuellen Ereignisse aus der Provinzstadt. Nach dem Nachtessen half ich meiner Mutter beim Abwaschen.

«Du hast mich doch kürzlich nach Onkel Jobin gefragt.»

«Ja, ich wollte wissen, ob es irgendeinen Zusammenhang gibt zwischen Onkel Jobin und Spanien.»

«Das kann ich mir kaum vorstellen. Doch als ich kürzlich im Estrich aufgeräumt habe, ist ein Reisekoffer zum Vorschein gekommen, in dem persönliche Sachen von Herrn Jobin aufbewahrt sind. Der Notar, der nach *Jobis* Hinschied das Testament eröffnete, übergab mir damals das Erbstück. Ich weiss nicht, warum wir den Koffer nie geöffnet haben. Vielleicht aus sentimentalen Gründen oder auch nur darum nicht, weil wir stets hundert andere Sachen um die Ohren hatten und dieser dann mit den Jahren in Vergessenheit geraten war.»

Obwohl es schon spät und ich müde vom Arbeitstag war, fragte ich meine Mutter, ob es ihr etwas ausmachen würde, mir den Koffer zu zeigen. Wir gingen in den Estrich hinauf und fanden den verstaubten braunen Lederkoffer in einer Ecke des Zimmers. Ich richtete eine Spotlampe auf das Objekt und öffnete ihn. Neben einer manuell aufziehbaren Armbanduhr, einem halben Dutzend Bücher, einem vergilbten Familienfoto aus der Zeit der Jahrhundertwende, einem Etui mit Schreibinstrumenten und *Jobis* Hornbrille fanden wir auch ein schwarzes Notizheft und einen blauen, umrandeten Briefumschlag aus dünnem Papier, der mit dem Stempel «*Luftpost*» versehen und an *Señor André Jobin, Avenida 7, Calle 11, San José – Costa Rica* adressiert war.

Ich öffnete zuerst das Notizheft und begann zu lesen.

Aufzeichnungen vom Spanischen Bürgerkrieg

April 1939
Wenn man den ganzen Tag nichts anderes zu tun hat, ausser drei Mahlzeiten einzunehmen, sich zu waschen, den einstündigen Rundgang im Hof zu absolvieren und zu schlafen, hat man viel Zeit, um nachzudenken. Eigentlich zu viel Zeit, und man muss aufpassen, dass man nicht, auf sich selbst gestellt und verlassen, in dunklen Gedanken und mit belastenden, traumatischen Erinnerungen dem Wahnsinn verfällt. Darum habe ich mich entschlossen, zu schreiben und dies während den nächsten Wochen zu einer geistigen Routine zu machen, damit die Gehirnströme aktiv bleiben und meine Geschichte nicht vergessen geht. Die Niederschrift dieser Aufzeichnungen soll mir auch als Therapie dienen, um das Erlebte aus der zeitlichen und räumlichen Distanz zu verarbeiten und einen Schlussstrich unter die Ereignisse dieses Abschnitts meines Lebens zu setzen. Die unendlichen Stunden, die ich nun voll und ganz mit meinen Erinnerungen teile, helfen, mir Klarheit zu verschaffen über das, was geschehen ist. Alle Alpträume vom Krieg müssen ein für alle Mal raus aus meinem Gedächtnis und dürfen nie wiederkehren. Nur auf diese Weise kann ich weiterleben.

So widersprüchlich es tönt, ich kann mich ja nicht einmal über die Haftbedingungen hier in der Anstalt Witzwil beklagen. Ich erlebte andere, überaus schlimmere Umstände in der Verwahrung. Das Divisionsgericht 3 in Bern hat mich wegen fremdem Kriegsdienst zu drei Monaten Gefängnis und zu zwei Jahren Aberkennung meiner politischen Rechte verurteilt. Obwohl der Schuldspruch entwürdigend war, ist das Strafmass insofern mild ausgefallen, als der Richter mir zugeteilt, weniger aus ideologischen Motiven, sondern wegen

Arbeitslosigkeit und infolge Überredung nach Spanien gezogen zu sein. Trotzdem hätte ich, laut Urteil, die Wehrkraft der Schweiz geschwächt und gegen den zweiten Spanienbeschluss des Bundesrates vom August 1936 verstossen, indem ich Kriegsdienste für einen fremden Staat geleistet hätte.

Juni 1936
Es war der 30. Juni 1936. Ein Unglück kommt selten allein, sagt man. Zwei Ereignisse hatten mich an jenem Tag erschlagen.

Ich wurde arbeitslos. Die weltweite wirtschaftliche Depression, die der Schwarze Montag von 1929 ausgelöst hatte, hinterliess lange und tiefe Spuren, auch in der Schweizer Wirtschaft. Die Exporte meiner Uhrenfabrik waren auf einen historischen Tiefpunkt gefallen. Fabrikarbeiter, aber auch Büroangestellte wie ich wurden von einem Tag auf den anderen auf die Strasse gestellt. Eine Anstellung zu finden war schwierig, da alle Betriebe ihre Belegschaft reduzierten und die Perspektiven auf einen Aufschwung der Wirtschaft durch die politischen Unstabilitäten in den Nachbarländern verblasst waren.

Gerade eben an jenem Tag, an dem ich über meine Entlassung informiert wurde, verliess mich auch meine Verlobte. Ich fand unter meiner Zimmertüre eine kurze Notiz von ihr, in der sie mir mitteilte, dass sie an jenem Morgen mit dem Zug abgereist sei. Leider könne sie mir nicht sagen, wohin die Reise gehe, weil sie nicht wolle, dass ich ihr nachfahren würde. Sie sei wohlauf, aber fest entschlossen, nicht mehr zu mir zurückzukehren und Bern zu verlassen. Es tue ihr schrecklich leid, mich auf diese Weise sitzenzulassen, aber sie habe vor, zu sich selbst zu finden und endlich nach ihren eigenen Idealen, frei und von niemandem abhängig zu leben und ein neuer Mensch zu werden. Ein abrupter Schlussstrich unter unsere

Beziehung sei der einzig mögliche Weg, jenes Lebensprojekt zu verwirklichen.

«Ich hoffe, du findest deinen Weg auch, André. Mach's gut, mein Lieber», hatte sie lakonisch mit ihrer einwandfreien und sauberen Reinschrift auf ein Stück Papier geschrieben.

Tief gekränkt verliess ich mein Mietzimmer und lief verwirrt, in Gedanken versunken, durch die Gassen der Altstadt. Drei Jahre waren wir zusammen, und ich war sehr an sie gebunden gewesen, hatte ihr jeden Wunsch erfüllt und sie mehr geliebt als jemanden zuvor. Ich konnte ihren Entschluss nicht nachvollziehen, und die Begründung für die Trennung kam mir wirr vor. Wir hatten uns beinahe täglich getroffen, und hie und da, wenn ich wusste, dass meine Vermieterin nicht im Hause war, trafen wir uns auch auf meiner Bude. Wegen ihr war ich auch in die Gewerkschaft eingetreten. Wohl weniger aus politischer Überzeugung als mehr aus dem Wunsch, zu einer Gemeinschaft zu gehören und zusammen für etwas zu kämpfen. Ich wagte kaum zu denken, wie es nun weitergehen sollte. Zurück in mein Heimatdorf zu gehen war keine Alternative. Was hätte ich dort auch gemacht? Ich hätte mich geschämt, in meinem Alter wieder nach Hause zurückzukehren, und zu meinem Vater hatte ich seit Jahren eine distanzierte Beziehung. Er hatte es nie akzeptiert, dass ich mich mit einer Aktivistin des Gewerkschaftsbundes verlobt hatte und im Schweizerischen Metall- und Uhrenarbeitnehmerverband mitwirkte.

Ich suchte das Restaurant Falken an der Münstergasse auf, mit der festen Absicht, mein Elend im Schnaps zu ertränken. Nach dem fünften Glas, ich war schon ziemlich benebelt, trat Hans Dobler ins Restaurant und setzte sich an meinen Tisch. Hans kannte ich, seit ich vor fünf Jahren nach Bern gezogen war. Er war ein athletisch gebauter Mann, vergifteter Sportler wie ich und Mitglied der Gewerkschaft. Zudem war Hans auch in der Schweizerischen Kommunistischen Partei aktiv. Wir hatten oft ausgiebige Velotouren ins Berner Seeland unternommen. Einmal fuhren wir sogar zusammen nach Genf, um an einem Kongress teilzunehmen. Hans war bis vor sechs Monaten als Metallarbeiter tätig gewesen, war aber im Sog der Massenentlassungen ebenfalls arbeitslos geworden. Soviel ich wusste, hatte er sich seit seiner Entlassung mit Gelegenheitsarbeiten durchgeschlagen, aber keine feste Anstellung mehr gefunden. Als Hans mich so bekümmert am Tisch sitzen sah, mussten wir keine grossen Worte verlieren. Er schätzte die Situation richtig ein und wusste sofort, was passiert war.

« Auch auf der Strasse, André? Jetzt trifft es auch euch Büroangestellte, nicht wahr ? »

Ich nickte abwesend, und er setzte sich neben mich.

« Es gibt immer Lösungen im Leben. Ich weiss, das ist ein schwacher Trost. Aber schau mich an. Seit ich aus meinem langjährigen Fabrikbetrieb entlassen wurde, habe ich etliche andere Arbeiten angenommen, die nichts mit meinem gelernten Beruf zu tun hatten. Ich war sogar während zwei Wochen Türsteher im Hotel Schweizerhof. Das nur, um mich über Wasser zu halten und mein Zimmer zu bezahlen. Irgendwie wird es weitergehen. Wir haben doch einen starken Rückhalt von der Gewerkschaft. Die wird uns helfen. »

« Ich bin nicht so optimistisch wie du, Hans. Mein Leben hat keinen Sinn mehr. Ich bin allein und weiss nicht, wie es weitergehen soll. »

« Schau mal, welches Informationsblatt mir heute in der Zentrale in die Hände gekommen ist. »

Dobler nahm ein zerknittertes Papier hervor, auf dem mit grossen Buchstaben geschrieben stand: *Olimpiada Popular Barcelona, del 19 al 26 de Julio del 1936,* und erklärte euphorisch:

«In Spanien wird eine Volksolympiade organisiert, die als Protest gegen die faschistische Veranstaltung in Berlin stattfinden wird. Es werden Teilnehmer von Gewerkschaften und den Linksparteien aus der ganzen Welt anwesend sein. Ist das nicht fantastisch? Sieben Tage richtige Arbeitersolidarität und Sport. Lass uns dort mitmachen, André. Ich schreibe uns morgen früh in der Zentrale ein.»

Ich bin kein spontaner Mensch. Alle meine Entscheidungen im Leben müssen zuerst meditiert und die Vorzüge und Nachteile in einer Soll-und-Haben-Bilanz einander gegenübergestellt werden. In jenem Moment war die Welt über mir zusammengebrochen, und ich befand mich in einem emotionalen Trümmerhaufen. Zudem erschien noch dieser Dobler, der mir jene Veranstaltung im fernen Spanien anpreisen wollte.

«Vergiss es, Hans. Das ist alles utopisch. Ich habe weder Lust noch die nötigen Mittel, um nach Barcelona zu fahren und an einer Arbeiterolympiade teilzunehmen.»

«Das schaukeln wir schon, André. Was hält uns noch in diesem biederen und deprimierenden Bern? Die wirtschaftliche Lage wird sich so schnell nicht ändern. Komm, lass den Schnaps für heute sein, geh auf deine Bude und schlaf darüber. Wir fahren morgen ab.»

«Aber wie?», antwortete ich und versuchte, Hans mit meinen trüben Augen scharf anzublicken.

«Wie wir uns immer fortbewegen, mit unseren Fahrrädern, natürlich! Wir werden zu zweit eine Art Brevet absolvieren, wie dieser französische Genosse, den wir kürzlich an einem Gewerkschaftsabend getroffen haben und der uns von seinen Touren erzählt hat.»

Am nächsten Tag erwachte ich mit bohrenden Kopfschmerzen. Kurz rekapitulierte ich meine Situation. Ich war arbeitslos und am Vortag von meiner Verlobten, die spurlos verschwunden war, verlassen worden. Wahrscheinlich würde ich in der nächsten Zeit auch keine Anstellung mehr finden, könnte meine Zimmermiete nicht mehr bezahlen und müsste mich verschulden. Bald würde ich dann auch ausgesteuert und von den Behörden für Notstandsarbeiten irgendwo in den Bergen eingezogen werden. Meine Eltern wollte ich nicht mit meinen existentiellen Problemen belasten. Die Zukunft sah perspektivlos aus, und ich war gänzlich auf mich allein gestellt. Da fiel mir der skurrile Vorschlag von Hans Dobler ein, mit ihm und unseren Velos nach Barcelona zu fahren, um an der internationalen Arbeiterolympiade teilzunehmen. Wie weit ist Barcelona von Bern entfernt? Ich nahm meinen alten Schulatlas aus dem Büchergestell und öffnete die Europakarte: Genf, Lyon, Saint-Étienne, Valence, Nîmes, Montpellier, Perpignan, spanische Grenze, Gerona, Barcelona. Das müssten weit mehr als eintausend Kilometer sein! Wie lange würde diese Fahrt dauern? Zwölf bis vierzehn Tage? Andererseits könnte mir ein Tapetenwechsel guttun, und eine solche Reise würde mir die nötige Zeit geben, über meine Situation nachzudenken und die Trennung von meiner Verlobten zu verarbeiten. An der Sportveranstaltung würde ich sicherlich Leute kennenlernen, die vielleicht wüssten, wo man Arbeit finden könnte. Irgendwo, im In- oder Ausland, eventuell auch in Frankreich, würde ich dann schon unterkommen. Entschlossen packte ich darauf die Velotasche mit ein paar Kleidungsstücken, Toilettenartikeln, meinem Reisepass und dem restlichen Bargeld, welches ich aus der Sparbüchse nahm. Dann holte ich mein Velo aus dem Keller, pumpte die Reifen prall auf und zahlte meiner Hausherrin mit den letzten Ersparnissen zwei Monatsmieten im Voraus.

«Ab geht's ins Land der Orangenbäume! Spätestens Mitte August bin ich wieder zurück, Frau Stucki», rief ich meiner

Vermieterin vom Hauseingang aus zu und fuhr zu Hans in die Junkerngasse.

Juli 1936

Es war heiss an jenem ersten Julitag, als wir aus der Stadt Richtung Süden aufbrachen. Wir kamen zügig voran. Beide waren wir trainierte Radfahrer und verloren keine grossen Worte während dem Fahren. Als wir rasteten, erzählte mir Hans von der Spanischen Republik. Obwohl er nie eine höhere Ausbildung genossen hatte, war Hans äusserst belesen und interessierte sich für die aktuellen Geschehnisse und die Geschichte anderer Länder. Er nahm oft teil an Vorträgen, die die Gewerkschaft oder die Kommunistische Partei organisiert hatten. Meistens seien die Gastredner von überallher aus Europa gekommen und hätten von den politischen Ereignissen und ihren Hintergründen erzählt. Vor allem über die Entwicklungen in Deutschland, der Sowjetunion, Frankreich und Italien sei immer wieder berichtet und diskutiert worden. Auch über Spanien.

«Seit 1931 die Zweite Republik ausgerufen wurde, hat das Land auf vielen Gebieten Fortschritte gemacht. Der abgesetzte spanische König Alfons XIII. lebt im Exil. Das uralte und erstarrte Feudalsystem und die Landverteilung werden Schritt für Schritt mit einer Agrarreform modernisiert. Der Analphabetismus wird mit einem neuen Volksbildungssystem, das für alle Schichten der Bevölkerung gleich zugänglich ist, bekämpft. Die Frauen haben sogar mehr Rechte als bei uns in der Schweiz, André, und besitzen das Wahlrecht.»

Zu jenem Zeitpunkt hatte ich keine grosse Ahnung von Spanien und seiner Geschichte. Ich war aber sofort fasziniert von dem, was Hans mir von diesem Land erzählte.

«Trotzdem», fuhr er fort, «die junge Demokratie steht auf schwachen Füssen. Die jahrhundertealten Privilegien der katholischen Kirche und ihre Einmischung in die Politik, die starke Stellung des Militärs und die verkrustete Denkweise der monarchischen Schichten und der Oligarchen haben im vorigen Jahrhundert und bis heute den gesellschaftlichen und wirtschaftlichen Fortschritt blockiert. Die sozialen Unterschiede zwischen den oberen Klassen und der breiten Masse des Volkes sind sehr gross. Darum gibt es auch immer wieder lokale Revolten, wie etwa in Andalusien, wo sich die Tagelöhner gegen die Grossgrundbesitzer bereits mehrmals erhoben haben, oder den Bergarbeiterstreik in Asturien, der 1934 von den Militärs brutal niedergewalzt wurde. All diese gesellschaftlichen Gegensätze, die weitverbreitete Armut, die Unterdrückung des Volkes und die fehlenden Zukunftsaussichten sind ein guter Nährboden, sowohl für die kommunistische und die anarchistische, aber auch für die faschistische Ideologie, die allesamt versprechen, Gerechtigkeit, Neuordnung und Wohlstand für die Bevölkerung zu etablieren.»

Wir waren bereits im Rhonetal. Die guten Windverhältnisse halfen uns, unsere geplanten Tageskilometer zu absolvieren. Wir übernachteten jeweils an einem Waldrand oder bei einem Bauern im Heuschober und assen, was wir gerade auf den Feldern fanden. Bei Valence mussten wir einen defekten Pneu meines Velos reparieren, und wir blieben ein paar Tage in dieser Kleinstadt hängen. Ich hatte das Gefühl, bereits mediterrane Meeresluft zu spüren. Obwohl wir nach unseren Tagesrouten jeweils müde und erschöpft waren, war die Reise mit Hans kurzweilig. Ich fühlte, dass sich unser Zusammenhalt zu festigen begann, und vergass zeitweilig auch meine Sorgen, die ich in der Schweiz zurückgelassen hatte. Hans weihte mich in die parteipolitische Lage in Spanien ein und erzählte mir von den Anarchisten und den Trotzkisten, die sich in den linken Gewerkschaften *CNT, UGT* oder *FAI* in den ländlichen südlichen Gebieten in Andalusien, aber auch in den Grossstädten wie Barcelona, Madrid, Valencia oder Zaragoza starkmachten. Oder die Marxisten, die sich auf den ursprünglichen Kommunismus stützten und sich in der *Partido Obrero de Unificación Marxista*, der *POUM*, organisierten. Im Gegensatz zu den linientreuen Kommunisten akzeptierten die Anarchisten keine Parteihierarchie, und alle ihre Beschlüsse würden in genossenschaftlichen Versammlungen gefällt. Er erwähnte auch die rechtsextremen Falangisten, die sich um die Figur von José Antonio Primo de Rivera, dem Sohn des ehemaligen Diktators Miguel Primo de Rivera, zusammengeschlossen hätten und den italienischen Faschismus von Mussolini in Spanien durchsetzen wollten. Daneben seien unzählige weitere, moderatere Parteien aktiv, wie die Sozialistische Partei, die republikanischen Radikalen oder die baskischen oder katalanischen Nationalisten.

«Du siehst, André, die politische Konstellation in Spanien ist kompliziert. Die Linksparteien sind zersplittert, doch in den landesweit organisierten Wahlen vom vergangenen Februar haben sie sich in einer Koalition zusammengeschlossen, der *Frente Popular*, mit der sie die Wahlen gewonnen und eine knappe Mehrheit im Parlament erworben haben. Seitdem ist Manuel Azaña der Staatspräsident, und ein Volksfront-Kabinett regiert das Land, wie auch in Frankreich.»

Ich staunte über das breite Wissen, das mir Hans vermittelte.

«Sprichst du eigentlich auch Spanisch, Hans?»

«Ein wenig. Ich habe mir die Sprache in den vergangenen Jahren angelernt.»

Bevor ich an jenem Abend einschlief, gingen mir Hansens Erklärungen noch einmal durch den Kopf. Was mussten das für Typen sein, diese Anarchisten und Trotzkisten! Die wollten die Gleichberechtigung des Volkes ohne jede Hierarchie und Klassen mittels einer Revolution erreichen, das Eigentum abschaffen, alle Besitztümer kollektivieren und diese dann genossenschaftlich verwalten. Das waren doch sehr radikale Gedanken und Ideen, die ich bis anhin nur aus dem fernen Russland und der damaligen Revolution von 1917 gehört hatte. Würden diese Ideen auch in unserer kleinen Schweiz Fuss fassen können? Könnten wir die reichen Patrizier- und Industriefamilien einfach in die Wüste verdammen und ihre Besitztümer gerecht unter dem Volk verteilen? Könnte das gut gehen, und was heisst eigentlich Gerechtigkeit? Gerechtigkeit für wen? Würden wir nicht im Chaos versinken, wenn alle bisherigen Gesellschaftsstrukturen und Gesetze mit einem Schlag aufgehoben würden? Hatten wir in der Schweiz eine vergleichbare Situation wie in den grossen europäischen Ländern oder nicht? War unser politisches System nicht Garant einer direkten Demokratie, die vom Volk verfassungsmässig bestimmt und getragen wurde?

«André, die Bergkette, die dort weiter unten auftaucht, das sind die Pyrenäen», rief mir Hans zu und zeigte mit dem Finger auf den wolkenklaren südlichen Horizont.

Wir hatten die Städte Nîmes und Montpellier hinter uns gelassen, und die spanische Grenze würden wir kurz nach Perpignan erreichen.

«Hans, das Meer ist nicht mehr weit weg, und ich habe es noch nie in meinem Leben gesehen. Können wir nicht noch einen Abstecher von unserer Route machen? Wir sind mit unserem Fahrplan gut unterwegs und werden sicher vor der offiziellen Eröffnungsfeier der Olympiade in Barcelona ankommen», schlug ich vor.

Ich kannte das Meer nur von Fotografien aus Büchern und war neugierig wie ein kleines Kind, das Mittelmeer mit meinen eigenen Augen zu sehen und mich in seinem Wasser abzukühlen. Hans willigte ein, und wir bogen von der Hauptroute Richtung Argelès-sur-Mer ab. Dort sah ich zum ersten Mal diese gigantische Wassermasse, die sich Meer nennt. Ich kam mir plötzlich klein und unbedeutend vor. Noch nie zuvor hatte mich die Gewaltigkeit einer Naturkulisse so beeindruckt. Nicht einmal die unzähligen, weissbedeckten Berggipfel der Berner Alpen oder der imposante Genfersee hatten mich beim Betrachten derart überwältigt. Auch der Sandstrand jenes Fischerdorfes war etwas Einzigartiges, dessen Ausdehnung mir heute noch in Erinnerung geblieben ist. Was ich zu jenem Zeitpunkt noch nicht wissen konnte, war, dass dieser Naturschauplatz drei Jahre später als Auffanglager für spanische Flüchtlinge dienen würde und dass der weitläufige Meeresstrand kaum ausreichen würde, die Tausende von Menschen aufzunehmen, die, elendig, geprägt von den Grauen des Krieges, wie eine Viehherde zusammengepfercht, an jenem Ort und an den Stränden der Nachbardörfern Saint Cyprien und Barcarès Schutz und eine vorübergehende Bleibe suchten.

Wir verbrachten ganze drei Tage im Dorf, bevor wir unsere Route wiederaufnahmen. Auch das südlich gelegene Collioure auf unserem Reiseweg würde mit dem Flüchtlingsstrom gegen Kriegsende einen der berühmtesten spanischen Dichter, Antonio Machado, mit seiner Familie notdürftig aufnehmen und ihn nicht viel später nach seiner Ankunft von seinem erschöpfenden Exodus, zusammen mit seiner Mutter, würdig begraben.

Bei Cerbère überquerten wir die spanische Grenze und fuhren weiter nach Portbou, wo wir übernachten wollten. Wie fremd und exotisch kam mir auf einmal alles vor.

«Die Bevölkerung hier spricht Katalanisch, André, eine eigene Sprache, die der spanischen, aber auch der französischen ähnlich ist. In den Dörfern in diesem Teil des Landes verstehen viele Einwohner nicht einmal das offizielle Spanisch.»

Die männlichen Dorfbewohner sassen am Abend in den Kneipen, spielten Domino, rauchten schwarzen Tabak und tranken Wein vom Fass. Frauen und Mädchen trafen sich auf dem Dorfplatz und plauderten vergnügt. Da und dort zog ein strolchender Hund und sogar ein Schwein umher, und eine Kinderschar spielte auf einem unbebauten Grundstück. Ein Bauer ritt auf seinem Esel Richtung Süden, und eine Gruppe Fischer kam gerade zurück vom Fang. Die Bewohner musterten uns neugierig, als wir mit unseren Rädern auf dem Dorfplatz ankamen, und einige sprachen uns sogar an, obwohl ich nichts verstand.

«Die Spanier sind ein gastfreundliches Volk. Als Fremder bist du hier jederzeit willkommen», bemerkte Hans.

Er erklärte ihnen, dass wir auf der Durchreise von Bern nach Barcelona seien und wir an der Volksolympiade teilnehmen würden. Manche konnten es gar nicht glauben, dass wir eine so lange Strecke mit unseren Velos zurückgelegt hatten.

«¡*Esteu bojos, els suïssos!*», lachte ein alter Mann, der kaum noch Zähne im Mund hatte.

Obwohl wir erst seit einigen Stunden auf spanischem Boden waren, fühlte ich mich sofort wohl im Land, und die vielen neuen Eindrücke verdrängten meinen Kummer. Auch Hans schien ganz vergnügt und aufgeregt zu sein.

«Bald sind wir am Ziel, André!»

Am nächsten Tag ging die Reise weiter über Gerona nach Barcelona. Der erste Eindruck, den ich von der Stadt gewann, war Dreck. Dreck überall. Die Hafenmetropole war riesig, doch wirkte sie ein wenig schäbig und dekadent auf mich.

Der Gestank von Fisch und Schmutz war ringsum präsent. Hans zog einen Zettel aus seiner Tasche, auf dem die Adresse der Gewerkschaftszentrale CNT «*Confederación Nacional del Trabajo*» stand. Wir beschlossen, uns im Hauptquartier für die Veranstaltung zu akkreditieren und Kontakt zu anderen Gruppen aus der Schweiz aufzunehmen. Als wir bei der Zentrale ankamen, herrschte dort reger Betrieb. Leute gingen ein und aus und schrien alle durcheinander. Zu meiner Verwunderung sah ich auch eine Gruppe Männer mit schwarzroten Halstüchern, die mit geschulterten Gewehren herumliefen. Wir schlugen uns in der Menge durch und hörten in einem Büro zwei Genossen, die deutsch sprachen.

«Was ist hier los, Genosse?», fragte Hans und fuhr fort: «Alles wegen der Volksolympiade?»

«Es wird keine Volksolympiade durchgeführt, Schweizer, heute beginnt die Revolution.»

«Was soll das bedeuten?»

«Gestern haben aufständische Generäle einen Militärputsch gegen die Republik in den nordafrikanischen Exklaven Melilla und Ceuta angestiftet. Heute sind im ganzen Land die Kasernen von abtrünnigen Militärs besetzt. Wir werden das nicht tolerieren und die Rebellion niederwerfen. Weder die Zentralregierung in Madrid noch die Regionalregierung von Katalonien verteilen Waffen an die Bevölkerung. Wir Anarchisten aber werden mit allen Mitteln kämpfen, die wir zu unserer Verfügung haben. Etliche ausländische Genossen, die für die Olympiade nach Barcelona gekommen sind, haben sich bereits gemeldet und werden die Revolution unterstützen. Mit Durruti werden wir den Putsch der Generäle Franco und Mola niederwerfen. Wir zählen auch auf euch, Schweizer!»

Ich war überfordert von dieser Situation. Eine Revolution wollen die hier anstiften? Wer sind jene Personen Durruti,

Franco, Mola? Ich verstand nichts mehr und nahm Hans zur Seite:

«Hans, das gefällt mir gar nicht. Lass uns sofort die Heimreise antreten. Die ganze Lage hier wird aus den Fugen geraten und im Chaos enden. Wir haben damit nichts zu tun.»

Hans war anderer Meinung und erwiderte euphorisch mit glänzenden Augen:

«André, dies ist ein historischer Augenblick. Hier können wir unsere Solidarität mit den spanischen Genossen unter Beweis stellen. Wir müssen sie unterstützen und ihnen helfen, den Militärputsch mit aller Kraft im Keim zu ersticken. Wenn wir jetzt wieder in die Schweiz zurückkehren, werden wir unseren Beschluss später bereuen. Niemand wird uns verstehen, und Feiglinge sind wir ja gewiss nicht. Siehst du nicht, wie entschlossen diese Leute hier sind? Auch Genossen aus anderen Ländern werden sich in diesem Kampf auf unsere Seite schlagen. Zusammen sind wir stark, auch wenn wir nicht mit genügend Waffen ausgerüstet sind. Die Spanische Republik darf nicht untergehen. Wir müssen sie verteidigen. Das ist unsere Pflicht.»

Der deutsche Genosse gesellte sich zu uns und berichtete:

«Der Militärputsch war voraussehbar, und jedermann wusste, dass er ausbrechen würde, nachdem der konservative Führer Calvo Sotelo vor vier Tagen in Madrid von einem Sicherheitskommando erschossen worden war. Unsere Delegationen sind seitdem mit Lluís Companys, dem Regionalpräsidenten der *Generalitat* von Katalonien, über eine Waffenverteilung ans Volk am Verhandeln. Wir bräuchten nur etwa eintausend Gewehre. Leider ist Companys unserer Forderung bis zu dieser Stunde nicht nachgekommen. Darum haben unsere Leute im Hafen bereits mehrere Schiffe überfallen, die Waffen geladen hatten. Durruti ist ein weitsichtiger Anführer.»

«Buenaventura Durruti kommt aus León in der altkastilischen Hochebene im Norden von Spanien und engagiert sich seit jung in der anarchistischen Bewegung. Er nahm an unzähligen Aufständen, Streiks und Überfällen auf Banken teil und wurde sogar beschuldigt, den Kardinal in Zaragoza umgebracht zu haben, woraufhin er vor der Justiz ins Ausland fliehen musste und während sieben Jahren im südamerikanischen und französischen Exil lebte. Nach der Ausrufung der Zweiten Republik im Jahr 1931 kam er wieder zurück nach Spanien», klärte mich Hans auf.

«Obwohl Madrid die politische Hauptstadt des Landes ist, ist Barcelona die wichtigste Industrieregion von Spanien. Der Anteil der Arbeiter in der Bevölkerung ist besonders hoch und der grösste Teil ist gewerkschaftlich organisiert. Wenn sich die Arbeitermassen hier auflehnen und die Revolution triumphiert, wird diese Welle auch andere Städte und Regionen erfassen.»

Wir zogen uns in unsere Pension zurück und debattierten bis spät in die Nacht hinein, was wir nun als Nächstes unternehmen sollten. Schlaflos und im Schweiss badend lag ich auf meinem Bett und wusste, dass sich bald eine wichtige Weiche für meinen weiteren Lebensverlauf stellen würde.

Am nächsten Tag, es war Sonntag, der 19. Juli, hörte man überall die Fabriksirenen heulen als Signal zur Mobilisierung und zum Aufbruch in den Kampf. Eine gigantische Menschenmasse formierte sich auf den Zubringerstrassen der Innenstadt. Die Arbeiter marschierten mit erhobenen geballten Fäusten und rezitierten unisono ihre Kampfparolen:

«*¡Viva la FAI! ¡Viva la CNT!* – Es lebe die FAI und die CNT! Tod dem Faschismus! Nieder mit der Kirche und den Fabrikbesitzern!», hörte man ringsum in Sprechchören.

Wir schlossen uns der Menschenmenge an, aus der unzählige schwarz-rote Fahnen herausstachen, und wurden mit dem Schwall mitgerissen. Ich befand mich auf einmal wie in einem Rauschzustand und liess mich willenlos mitziehen. Die Faszination für diese Leute in jenem Augenblick übertraf mich und betäubte in mir jeden Widerstand. Vielmehr überkam mich ein Glücks- und Gemeinschaftsgefühl aus meinem tiefsten Inneren, welches ich so seit Jahren nicht mehr verspürt hatte. Fernab lagen die Schweiz, Bern, mein Heimatdorf, meine Exverlobte, meine Eltern und alles andere, was ich zurückgelassen hatte. Jetzt war ich hier in Spanien und wurde Teil einer Revolution, vielleicht einer grossen, wie die von 1789 oder von 1917. Wir marschierten Richtung Hafen, ohne dass ich Hans und den deutschen Gewerkschafter, der uns gestern in der Zentrale über die Situation aufgeklärt hatte, aus den Augen liess.

«Teile der aufständischen Truppen haben mittlerweile ihre Kasernen verlassen und besetzen wichtige Positionen in der Innenstadt», rief mir der Deutsche zu.

«Es wird jetzt zu Strassenkämpfen kommen, in denen wir versuchen müssen, die gegnerischen Einheiten voneinander zu isolieren und sie niederzuwerfen. Unsere Leute haben bereits verhindert, dass die Soldaten aus den Lepanto- und Tarragona-Kasernen ihren Truppen im Hauptquartier am Hafen zur Unterstützung eilen konnten.»

Ich war mir plötzlich bewusst, dass ich mich inmitten einer tobenden Schlacht befand. Überall hörte man Schüsse, Maschinengewehrsalven und auch Einschläge von Artilleriegranaten. Einzelne Häuser standen in Flammen, und am Strassenrand sah ich zum ersten Mal in meinem Leben tote Menschen. Leichen mit grässlichen Einschlagswunden, blutverschmierten Körperteilen und fehlenden Gliedern. Unter den Gefallenen waren auch Soldaten in Uniformen, und auf einem Quartierplatz sah ich ein Pferd, das röchelnd am Boden lag und unter sich einen leblosen aufständischen Offizier bedeckte. Es herrschte ein riesiges Chaos, und die Julisonne brannte sengend auf die Strassen nieder. Der Gestank von Schweiss, Blut, Munitionsrauch und Verbranntem war fürchterlich, und je näher wir zum Hafen kamen, desto mehr vermischte sich dieser Geruch mit demjenigen von abgestandenen Fischresten und Abfällen.

«Wir nähern uns der Atarazanas-Kaserne. Dort hat sich ein ganzes aufständisches Bataillon verschanzt», schrie der Deutsche mir zu.

Keine fünf Sekunden später traf ihn ein Geschoss in den Kopf. Er fiel geknickt auf das Pflaster, welches sich sofort mit einer Blutlache um seinen Körper herum zu bedecken begann. Wahrscheinlich war er sofort tot. Das wusste ich aber zu jenem Zeitpunkt noch nicht.

«Geh in Deckung, André!», warnte mich Hans.

Instinktiv duckte ich mich und sprang hinter eine nahe gelegene, halbmeterhohe Steinmauer, die ein unbebautes Grundstück abgrenzte. Hans folgte mir und warf sich neben mich hin. Ich zitterte am ganzen Körper und drückte mich fest nieder auf den Boden. Die Schüsse pfiffen mit einer intensiven Kadenz über uns her. In einer Feuerpause reckte ich mich vorsichtig hoch, damit ich das Terrain um uns herum beobachten konnte. Quer gegenüber auf der anderen Strassenseite, in der dritten Etage eines sechsstöckigen Hauses, war ein Maschinengewehr platziert. Ich konnte die Soldaten sehen, die die Waffe bedienten. Nach dem Nachladen nahmen sie das Feuer wieder auf und streiften Garben in die Menschenmenge.

«Wir müssen den Deutschen aus der Schusslinie ziehen», rief ich Hans zu.

«Ich werde zu ihm kriechen und ihn bergen», erklärte ich, ohne an die akute Gefahr zu denken.

Als ich mich erheben wollte, gestikulierte ein Anarchist, der sich neben uns verschanzt hatte:

«¡*No te muevas, camarada!*»

Obwohl ich nicht verstand, was er mir sagen wollte, begriff ich, dass wir in jenem Moment nichts mehr für den Deutschen tun konnten. Es blieb uns nichts anderes übrig, als in unserem Zufluchtsort auszuharren. Solange die MG-Schützen ihre Stellung hielten, war es für die Anarchisten unmöglich, bis zur Atarazanas-Kaserne vorzudringen.

«Das MG-Nest in jenem Fenster muss zum Schweigen gebracht werden», sagte Hans bekümmert.

Eben diese Absicht hatte auch Francisco Ascaso, einer der Anarchistenführer, der diesen Abschnitt der Stadt befehligte und später wegen seiner Heldentat zum Märtyrer erkoren wurde. Ich beobachtete, wie der Milizionär geduckt gegen einen geparkten Lastwagen sprang, der vor dem Gebäude mit dem verschanzten MG-Trupp parkiert war. Sein Vorhaben war es, auf die Ladefläche des Fahrzeugs hinaufzuklettern und mit gezielten Schüssen aus einer gedeckten und näheren Position die MG-Schützen niederzustrecken. Beständig erhielt der Mutige Deckungsfeuer von seinen Kameraden, die hinter schnell errichteten Strassenbarrikaden verschanzt waren und versuchten, den Feind von Ascasos Manöver abzulenken. Noch bevor dieser den Lastwagen erreichte, kniete er nieder, zielte und schoss mit dem MG auf das zum Vorplatz des Gebäudes hin geöffnete Fenster. Doch als er wieder aufstehen wollte, um weiterzugehen, traf ihn die Kugel einer Garbe. Er warf seine Arme in die Höhe, liess sein Gewehr fallen, stürzte zu Boden und blieb dort regungslos liegen. Die Ablenkung der gegnerischen Soldaten durch Ascasos Aktion wurde jedoch sofort genutzt, um das Schnellfeuer von den Barrikaden her auf das MG-Nest zu intensivieren. Das Rattern des Maschinengewehrs verstummte auf einmal. Der MG-Schütze sank über der Waffe in sich zusammen, und eine Minute später hing ein an ein Gewehr gebundenes weisses Tuch aus dem Fenster, welches signalisierte, dass der Trupp bereit war, keinen Widerstand mehr zu leisten. Die Anarchisten verliessen in Scharen die Barrikaden, und eine Gruppe bezog mit einer 7,5-cm-Feldkanone Stellung vor der benachbarten Atarazanas-Festung. Die Detonation der Granate riss eine Bresche in eine Seitenmauer, und unmittelbar danach strömten Dutzende von Kämpfern mit krachendem Geschrei ins Innere des Militärareals. Die Schlacht nahm ihren Fortgang im Kasernenhof und entging meinem Sichtfeld. Während Stunden erfolgte eine Explosion nach der anderen, Schüsse knallten und widerhallten in den umliegenden Strassen der Kaserne, und Gruppen von Strassenkämpfern hasteten eilig vorbei. Hans und ich hielten uns während des ganzen Nachmittags in unserer Deckung auf, bevor wir uns vorsichtig und bereits beim Einnachten auf den Weg in Richtung unserer Pension begaben. Wir warfen noch einmal einen mitleidigen Blick auf den Leichnam des Deutschen. Ich näherte mich dem Toten, schloss ihm die Augen und bedeckte sein Haupt mit einem weissen Taschentuch. Ich wusste nicht einmal seinen Namen. Im Hotel angekommen, vernahmen wir, dass sich die Aufständischen der San-Andrés-Kaserne, wo sich das grösste Waffenarsenal von Barcelona befand, den Anarchisten ergeben hatten. Später fiel auch die Atarazanas-Kaserne. Noch in der gleichen Nacht gab der gefangen genommene Befehlshaber der aufständischen Militärs in Barcelona, General Manuel Goded, die Kapitulation seiner Truppen öffentlich im Radio bekannt und forderte die Seinen auf, in den anderen Teilen der Republik dem Blutvergiessen ein Ende zu setzen und die Rebellion abzubrechen. Die erste Schlacht der Revolution war gewonnen.

Ich verbrachte jene Nacht wiederum schlaflos. Die Ereignisse des Tages hatten mich überwältigt und ich konnte die Realität kaum fassen. Im Gegenteil, es schien, als ob die Wirklichkeit zu einem Alptraum geworden wäre, der jedoch auch nach dem Aufwachen noch präsent war. Wahrscheinlich bin ich erst im Morgengrauen etwas eingeschlafen, und ich erwachte erst spät, als mich Hans aufrüttelte.

«André, der Concierge unserer Pension hat mich über den Lauf der Dinge informiert. Der Militäraufstand oder *sublevación*, wie die Spanier sagen, sei in Barcelona und in anderen grösseren Städten niedergeschlagen worden. Auch Madrid halte sich stark. Aber leider habe die Rebellion nicht überall im Land verhindert werden können. Die Aufständischen hätten die Überhand in den Protektoratsgarnisonen in Nordafrika, einigen Städten von Andalusien, aber auch in Galizien, Burgos, Pamplona und Zaragoza. Die Anarchisten würden sich hier in Barcelona mit der Regierung Companys in einem Milizkomitee zusammenschliessen und gemeinsam mit republiktreuen Militäreinheiten gegen den Feind vorgehen. Es könne gut sein, dass dieser Konflikt noch länger andauere und sich sogar zu einem regelrechten Krieg ausweite. Ein Bürgerkrieg, Spanier gegen Spanier, Faschisten gegen Republikaner! Die Gewerkschaften und die Regierungstruppen seien daran, sich zu organisieren und sich aufzurüsten. In Katalonien würden sogenannte Hundertschaften gebildet, die Richtung Aragón marschierten, um Zaragoza zu befreien. Lass uns zu Durruti stossen! Dieser wird mit seiner Kolonne in ein paar Tagen abmarschieren.»

Ich setzte mich auf, zündete mir eine Zigarette an und versuchte, meine Gedanken zu ordnen. Gestern erlebte ich die erste Welle der Revolution nur als Zeuge und ich hatte nichts zum Sieg beigetragen. Beim nächsten Akt will ich auch dabei sein und aktiv mithelfen, die Putschisten in die Knie zu zwingen, um die demokratisch gewählte Regierung von Spanien zu retten. Schliesslich bin ich als Demokrat von der republikanischen Sache überzeugt. Die Anarchisten würden den Kampf mit den regulären Regierungstruppen unterstützen, und mit gemeinsamen gebündelten Kräften würden wir siegen. Als wir am Hotelempfang vorbeikamen, warf ich einen kurzen Blick auf die Zeitung, die in der Eingangshalle auflag. Obwohl ich die Schlagzeilen nicht verstand, betrachtete ich die Fotografien auf der Titelseite, die Massen von Leuten mit erhobener Faust, ein Meer von rot-schwarzen CNT-Gewerkschaftsfahnen und die Verhaftung von General Goded abbildeten. Auf einem kleinen Foto daneben sah ich ein Milizerschiessungskommando, das mit angeschlagenen Gewehren gegenüber etwa einem Dutzend entwaffneter Soldaten stand. Auf einem weiteren Bild waren zwei tote Priester zu erkennen, die am Glockenturm einer brennenden Kirche aufgehängt waren. Instinktiv stellte ich für einen kurzen Augenblick meine revolutionären Gedanken infrage, und ein unheimliches Gefühl von Zweifel, ob ich das Richtige tun würde, kam in mir auf.

«Komm, André, lass uns gehen!», forderte mich Hans auf und zog mich Richtung Strasse hinaus.

Draussen herrschte reger Grossstadtbetrieb, und es schien auf den ersten Blick, als hätten die Ereignisse vom gestrigen Tag gar nicht stattgefunden. Wir gingen ein paar Hundert Meter den *Paseo de Gracia* entlang und kamen an einem Buchladen vorbei. Ich trat in das Geschäft, und obwohl es nicht viel Auswahl hatte, fand ich ein Schulbuch «*Gramática de textos modernos para la Escuela Primaria*», welches ich für zwei Peseten erwarb und das ich fortan als meine tägliche Lernlektüre benutzte. Ich wollte mir möglichst schnell die Sprache aneignen, damit ich mich mit den Leuten verständigen könnte und von den Spaniern direkt erfahren würde, warum es zum Militäraufstand und zu der Revolution gekommen war. Wir marschierten weiter Richtung Norden ins Sarrià-Quartier, wo gemäss Abklärungen von Hans die Durruti-Kolonne organisiert wurde.

Wir mussten nicht lange suchen, bis wir auf eine Gruppe von Anarchisten mit blauen Überkleidern und umgehängten Gewehren stiessen, die in einem mit Palmen umgebenen Stadtpark heftig diskutierten und Zigaretten rauchten. Am Tor des Gebäudes, das sich am oberen Teil des Parkes befand, standen zwei Milizionäre als Eingangswachen. Ich fand später heraus, dass es sich bei jenem Gebäude um ein Frauenkloster, das *Convento del Sagrado Corazón*, handelte, welches am Vortag als Kantonnement für die Durruti-Kolonne umgenutzt worden war.

«*¿Qué queréis, camaradas?* – Was wollt ihr, Genossen?»

«*¡Queremos luchar con vosotros en la revolución!* – Wir wollen mit euch für die Revolution kämpfen!», deklarierte Hans voller Stolz.

Die Reaktion der Wächter war eher nüchtern und sie ignorierten uns, während sie heftig aufeinander einsprachen und sich wohl fragten, was sie nun mit uns Ausländern machen sollten. Nach ein paar Minuten zeigten sie auf Hans und forderten ihn auf, einen Milizionär in den Innenhof des Klosters zu begleiten. Mich liessen sie draussen warten, und ich setzte mich auf eine Parkbank in Sichtweite des Eingangsportals. Es herrschte reges Treiben auf der Zufahrtsstrasse. Lkws mit grossen, weissen CNT-Aufschriften und Gruppen von Anarchisten auf den Ladeflächen fuhren vorbei. Die Männer erhoben ihre geballten Fäuste zum Gruss, als sie ihre Kameraden im Park vor dem Klostereingang sahen. In ihren Gesichtern herrschte sichtliche Freude über den errungenen Sieg. Überall hörte man Jubelrufe und «*¡Vivas!*». Es verging sicherlich eine gute Stunde, bis Hans wieder aus dem Gebäude herauskam.

«Komm, André, wir sind beide akkreditiert.»

Ich fragte Hans, warum er so lange weggeblieben und ob etwas passiert sei. Aber er beruhigte mich.

«Ach nein, André, es herrscht halt ein riesiges Chaos und niemand weiss so richtig, wie mit dieser Situation umzugehen ist. Jedermann gibt seine Meinung ab und will es besser wissen. Zudem haben die Anarchisten keine Hierarchien, und das macht es halt nicht einfacher, Entscheidungen zu treffen. Wir sind übrigens nicht die einzigen Ausländer, die sich der Zenturie anschliessen. Ich habe auch zwei Österreicher getroffen, die ebenfalls an der Olympiade teilnehmen wollten und nun hier gelandet sind.»

Wir bezogen die Schlafstellen und deponierten dort unser Gepäck. Kurz darauf schlug eine Kapellenglocke die Aufforderung zum Mittagessen an. Wir versammelten uns an einem langen Tisch, und es wurden Esskübel mit einem Eintopfgericht aufgedeckt, aus denen jedermann seinen Teller füllen konnte. Dazu gab es Rotwein, der in Krügen herumgereicht wurde. Die lauten Gespräche der Milizionäre hallten von den hohen Mauern des Refektoriums wider, und obwohl ich nicht viel verstand, fühlte ich mich wohl in jener Gruppe. Es war einfach, sich mit den Leuten zu verständigen, mehrheitlich halt nur mit Gesten und französischen Wortbrocken. Ich war überzeugt, dass die gemeinsame Idee der Revolution alle sprachlichen und kulturellen Unterschiede zwischen uns Menschen überbrücken und uns miteinander verbinden würde.

Nach dem Essen wurden wir im Klosterhof versammelt. Ich weiss nicht, wie viele Menschen sich dort einstellten, aber man fand beinahe keinen freien Quadratmeter Platz mehr. Die Sonne brannte auf uns nieder und es herrschte ein riesiges Durcheinander. Die Stimmung war umgeben von einer gewissen Nervosität und Spannung. Man erwartete etwas Grosses. Ich sah dort zum ersten Mal auch Milizionärinnen in den blauen Überanzügen und mit geschulterten Gewehren. Die Menschen jubelten euphorisch, als sich die Türe eines Saales der Klostergalerie im ersten Stock öffnete und eine Gruppe Milizionäre auf den Balkon heraustrat.

«*¡Viva la revolución, viva la CNT y viva Durruti!*»

Der Anführer persönlich, Buenaventura Durruti, trat einen Schritt hervor und erhob seine Faust zum Gruss. An seiner Seite stand seine französische Frau Émilienne Morin. Die Menge erwiderte den Gruss, und ich schloss mich eng neben Hans an, damit er mir den Wortlaut der Rede simultan übersetzen konnte.

«Der hinterlistige Militäraufstand prallte mit aller Gewalt gegen die nackte Brust der Massen. Kameraden, wir haben uns tapfer geschlagen und einen ersten grossen Sieg in der Revolution errungen. Wir haben die aufständischen Militärs und ihre Verbündeten in Barcelona mit allen Mitteln, die wir zur Hand hatten, niedergeworfen und werden ihnen ihre verdiente Strafe auferlegen. Das Volk hat sein Leben in seiner unermesslichen Grosszügigkeit für das höchste aller Ideale auf das Spiel gesetzt, die Freiheit! Diejenigen von uns, die im heldenhaften Kampf ihr Leben verloren haben, sind nicht umsonst gefallen. Wir gedenken ewig unserer Kameraden und schwören, sie zu rächen. Das garantiere ich euch. In diesem Kampf gibt es nur zwei Parteien: diejenigen, die für die Freiheit kämpfen, und jene, die sie niedertreten wollen. Jetzt werden wir in Aragón gebraucht. Wir müssen unseren Kameraden helfen, sie von den feigen Militärs zu befreien. Die Revolution geht weiter, und wir werden nicht haltmachen, bevor der Faschismus endgültig niedergedrückt ist und wir unsere Ideale in ganz Spanien verbreitet haben.

«¡A Zaragoza, camaradas! ¡El hombre libre se lanzará a la lucha contra la hiena fascista! – Auf nach Zaragoza, Kameraden! Der freie Mensch wirft sich in den Kampf gegen die faschistische Hyäne!»

Durruti wurde jeweils mit enthusiastischen Rufen und lauten «*¡Vivas!*» unterbrochen. Als er die Rede beendet hatte, wurde die Anarchistenhymne «*Hijos del Pueblo – Söhne des Volkes*» angestimmt.

Durruti war ein charismatischer und pragmatischer Anführer. Er war bekannt als Mann der Aktion. Überall, wo er auftrat, gewann er sofort die Sympathie der Zuhörer. Obwohl ihm der Präsident der *Generalitat* Kataloniens, Lluís Companys, politische Mitarbeit in seinem Kabinett anbot, lehnten die Anarchisten ab. Politik interessierte sie nicht. Ihre Ideale mussten über andere Kanäle als die traditionellen Strukturen verbreitet und verwirklicht werden.

Lange noch und bereits am Abend im Dormitorium grübelte ich über Durrutis Rede nach. Hans und ich sassen zusammen mit anderen Kameraden und rauchten eine Zigarette nach der andern. In jener Runde lernte ich Fernando kennen, der seine Schlafstelle zufälligerweise neben meiner platziert hatte. Fernando Jorge Martínez Fraile, wie sein vollständiger Name lautete, kam aus Zaragoza aus einer bürgerlichen Familie. Sein Vater war Arzt. Auch Fernando hatte im vorigen Monat das Doktordiplom an der medizinischen Fakultät in Barcelona erworben. Er war etwas jünger als ich, gross gewachsen, hatte schwarze Haare und trug eine runde Drahtbrille. Begeistert von den Idealen der Anarchisten, hatte er sich während seiner Studentenzeit als Aussenseiter der CNT-Bewegung angeschlossen. Seine Kameraden hatten ihn jedoch trotz seines bürgerlichen Familienhintergrunds akzeptiert. Der junge Arzt gab sich stets bescheiden, und er hatte sich nützlich gemacht, indem er seine medizinischen Fähigkeiten bei den häufig tobenden Strassenschlachten und Ausschreitungen in Barcelona der Organisation zur Verfügung gestellt und die Verwundeten so gut wie möglich gepflegt und ambulant versorgt hatte. Eigentlich hatte er die Ferien, wie während jedem Sommer, bei seinen Eltern verbringen wollen, doch die politischen Ereignisse im Land hatten seine Pläne kurzerhand geändert. Fernando und ich waren uns sofort sympathisch, und er wurde seit jenem Moment für die nächsten Monate mein Weggefährte und enger Freund, der mich nicht nur in der Sprache unterrichtete, sondern mir auch die Geschichte des Landes, seine Kultur und Bräuche näherbrachte.

Ich suchte in jener ersten Zeit beim Eintritt in die Kolonne auch Anschluss an jemanden, weil Hans am zweiten Tag im *convento* plötzlich, wie vom Erdboden verschluckt, verschwunden war. Ich konnte mir nicht erklären, wo er sich aufhielt, und fragte alle Leute, die wir am Vortag kennengelernt hatten, ob sie ihn gesehen hätten. Niemand hatte eine Ahnung von seinem Verbleiben. Fernando schlug vor, im Büro nachzufragen, wo uns Hans am Vortag eingeschrieben hatte.

«*Hans Dobler, el suizo, se fue. Le han venido a buscar los comunistas esta madrugada. Aquí no queremos a los comunistas. Están todos a las órdenes de Stalin.*»

Ich wusste sofort Bescheid. Hansens Mitgliedschaft in der Kommunistischen Partei der Schweiz wurde ihm hier zum Verhängnis. Wahrscheinlich hatten die Anarchisten seinen Ausweis bei der Aufnahme in die Kolonne am Vortag geprüft, und durch irgendwelche Kanäle oder Spitzel wurde das lokale kommunistische Parteibüro informiert. Fernando fragte nach, ob Hans etwas passiert sei, aber der Milizionär berichtete ihm, dass er nicht gewalttätig abgeschleppt worden sei.

«*Misión secreta* – geheime Mission», gab er kurz zur Antwort.

Mehr war nicht herauszufinden. Es wurde mir bewusst, dass wir uns bereits im Kriegszustand befanden und niemand mehr seinem Gegenüber trauen konnte. Nicht einmal die Parteien unter sich, welche die Republik gegen die aufständischen Militärs verteidigten. Wieder überkamen mich plötzlich ein unwohles Gefühl, Zweifel und Angst angesichts der unmittelbaren Zukunft. Es waren nur gerade drei Wochen vergangen, seit mein Leben in Bern einen ganz anderen Gang eingeschlagen hatte. Diejenige, die mich dazumal für die Gewerkschaftsbewegung überzeugt hatte, hatte mich verlassen, und derjenige, der mich zu diesem Abenteuer in Barcelona überredet hatte, war unerwartet spurlos verschwunden. Auf einmal stand ich allein da in einer Horde wild gewordener Banden in einem fremden Land. Seit zwei Tagen war mein Leben in Gefahr, und ich wurde ungewollt Zeuge einer blutigen Schlacht, die aufgrund eines politischen Konflikts ausbrach, der gar nicht meine Angelegenheit war. Warum tat mir dies das Schicksal an? Ich war an einem Punkt angelangt, an dem es kein Zurück mehr gab. Mir fehlte es an jeglichen Mitteln, und durch die kriegsartigen Umstände war eine Rückreise in die Schweiz undenkbar. Mein Geld und den Reisepass hatte ich den Milizionären abgegeben, und ich gelobte den Durruti-Leuten die Treue. Mir war klar, dass ein unbegründeter Weggang von der Truppe Desertion bedeuten würde. Die Anarchisten würden in einem solchen Fall auch mit einem Ausländer nicht zimperlich umgehen und den Verstoss wahrscheinlich mit standrechtlicher Erschiessung bestrafen. Die Konsequenzen unseres Entschlusses, uns bei einer militärischen Truppe einzuschreiben, hatte mir Hans, als wir an jenem Morgen ins Sarrià-Quartier gelaufen waren, ausdrücklich erklärt.

Nun hiess es, uns auszurüsten und uns auf die bevorstehende Verschiebung nach Aragón vorzubereiten. Zusammen mit Fernando stand ich in der Reihe, um unsere militärischen Utensilien zu fassen. Ich kannte jene Situation aus meiner Rekrutenschule und den Wiederholungskursen als Füsilier in der Schweizer Armee, staunte aber nicht schlecht, als ein Milizionär uns beiden ein Mauser-Gewehr aus dem Jahre 1898 übergab. Dieses Gewehr wäre bei uns in der Schweiz museumsreif gewesen. Sicherlich kam es technisch lange nicht an unseren Karabiner Modell 31 heran, den ich von meiner soldatischen Ausbildung her gekannt und mit dem ich etliche Auszeichnungen bei Wettschiessen errungen hatte.

«*Mejor que nada. Esto es lo que hay.* – Besser als nichts. Mit dem müssen wir uns halt abfinden», meinte Fernando lakonisch.

Die Waffen, die wir erhielten, waren diejenigen, welche an den Vortagen die aufständischen Truppen erbeutet hatten. Die republikanische Zentralregierung und die katalanische *Generalitat* weigerten sich immer noch, Schusswaffen an die Bevölkerung zu verteilen, und die einzigen Organisationen, die im Besitze von Gewehren waren, nebst den der Republik treu gebliebenen Verbänden, waren die Syndikate. Ein Milizionär instruierte uns mit der Handhabung, und ich begriff schnell, wie die Waffe zu manipulieren war. Mittlerweile hatte ich auch einen blauen Arbeitsanzug angezogen und packte meine wenigen persönlichen Sachen in eine Ledertasche. Die meisten Milizionäre trugen nicht einmal richtiges Schuhwerk, sondern nur Leinenschuhe mit Bastsohlen, die sie *alpargatas* nannten.

Draussen vor dem *convento* wurden wir nachher auf Lastwagen mit offenen Ladebrücken verladen und fuhren Richtung *Paseo de Gracia*, wo sich Tausende von Milizionären zu einem Abschiedsdefilee einfanden. Wir, die zukünftigen Frontkämpfer, wurden von der Zivilbevölkerung enthusiastisch begleitet und bejubelt. Viele Menschen verteilten Nahrungsmittel, Kleider und andere Materialien an die Truppen. Der Abschied der Anarchistenkolonnen von Barcelona wurde zu einem richtigen Volksfest. Wieder wurden Hymnen angestimmt, und aus auf Lastwagen montierten Megaphonen ertönten ununterbrochen Kampfparolen und «*¡Viva!*»-Rufe.

Es war Nachmittag, der 23. Juli, als sich die Durruti-Kolonne Richtung Zaragoza in Gang setzte. Spanien befand sich zu jenem Zeitpunkt bereits im Krieg. Die von den abtrünnigen Generälen angestiftete Militärrebellion war seit Wochen vorbereitet und gleichzeitig landesweit vollführt worden. In einigen Städten war der Kasernenaufstand erfolgreich, doch in vielen anderen Orten (unter anderen in Madrid, Barcelona, Valencia, den baskischen Städten, Santander) scheiterte er am Widerstand der mobilisierten Bevölkerung und an den loyalen republikanischen Kampfverbänden. Zur gleichen Zeit wurden auf internationalen Ebenen die Weichen gestellt, den entfachten Bürgerkrieg zugunsten der Rebellen oder eben gegen die Republik zu steuern. Die faschistischen Regierungen Deutschlands und Italiens starteten ihre Hilfe an die aufständischen Militärs. Die in Nordafrika stationierte Legionärsarmee, kommandiert von General Francisco Franco und unterstützt von marokkanischen Söldnern, war so in der Lage, sich in den kommenden Wochen über die Meerenge von Gibraltar auf das spanische Festland zu verschieben, um die Nordarmee von General Emilio Mola vom Süden her zu unterstützen und die Republik allmählich in die Zange zu nehmen und sie später dann im Kriegsverlauf zu spalten. Demgegenüber bewirkten die demokratischen Länder mit ihrer scheinheiligen Neutralität im Konflikt, die sie später in einem internationalen Nichtinterventionspakt formalisierten, dass die Republik mit ihrer militärischen Schlagkraft stets im Nachteil war. Nachdem der französische Präsident Léon Blum von Grossbritannien unterrichtet worden war, dass sich jenes Land im spanischen Konflikt parteilos verhalten würde, nahm Frankreich darauf die gleiche Position ein und schloss die Grenze zum Nachbarland hermetisch ab. Diese Tatsache hinderte jedoch die internationale Arbeiterbewegung nicht daran, Freiwillige von überall auf der ganzen Welt für die Unterstützung der Republik zu rekrutieren und nach Spanien zu schicken. Die Sowjetunion, die später als einer der wenigen wichtigen Staaten der Republik Militärhilfe leistete, spielte dabei eine entscheidende Rolle. Ich wusste zu jenem Zeitpunkt noch nicht, dass mein Kamerad Hans Dobler für eine Mission von der Komintern abberufen worden war und die Aufgabe hatte, freiwillige Kämpfer aus der Schweiz zu rekrutieren und diese via Paris ins Land zu schleusen.

August 1936
In den nächsten Wochen wurde ich Zeuge, wie die Anarchisten rachsüchtig ihre Ideologie in die Tat umsetzten. Wir fuhren auf der Landstrasse Richtung Lérida, und jedes Dorf, das wir durchquerten, wurde auf die gleiche Weise eingenommen. Wer nur annähernd einem Faschisten glich, reich oder ein Kleriker war, wurde meist ohne Umschweife ermordet. Ich wurde auch einmal Zeuge, dass ein Mann zur Hinrichtung geführt wurde, nur aufgrund der Tatsache, dass er feine und keine durch die Feldarbeit gezeichneten Hände hatte und damit mit der Logik der Extremisten kein echter Arbeiter wäre. Kirchengebäude wurden in Brand gesetzt und die Dörfer kol-

lektiviert. «*El Comunismo libertario*» war die Devise und das neue Dogma. Die Güter und Fabriken wurden enteignet und durch ein Dorfkollektiv verwaltet. Über alle Entscheide wurde abgestimmt, das private Eigentum verboten, und jede Familie sollte den gleichen Lohn erhalten. In einigen Dörfern wurde sogar das Geld abgeschafft und durch selbst gedruckte Gutscheine für Lebensmittel, Wein und Tabak ersetzt. Auch als wir die Provinzstadt Lérida erreichten, wurden alle ihre Kirchen angezündet und sogar die Kathedrale in Brand gesetzt. Bis dahin waren wir nicht einmal mit gegnerischen Truppen konfrontiert. Durruti war vom Gedanken besessen, Zaragoza dem Feind möglichst schnell zu entreissen, bevor die Truppen von General Mola die Stellung in der Stadt festigen könnten und Nachschub vom Afrika-Heer erhalten würden. Zaragoza, die Hauptstadt Aragons, war für beide Kriegsparteien eine wichtige Garnison, vor allem wegen der zentralen geografischen Lage zwischen Katalonien, den beiden Kastilien (Alt- und Neukastilien), Navarra, Rioja, aber auch wegen der relativen Nähe zum Mittelmeer.

Unsere Kolonne rückte bis zum Dorf Bujaraloz vor, etwa siebzig Kilometer von der Regionalhauptstadt entfernt, wo Durruti sein Hauptquartier aufschlug. Ich machte mich vor allem im rückwärtigen Bereich bei der Truppe nützlich, führte Listen von unseren Mitkämpfern, organisierte Schlaflager und Lebensmittel und half Fernando und den Sanitätern beim Transport der Verbandsmittel und der medizinischen Geräte. Wir hatten damals reichlich Zeit, lange Gespräche zu führen, und unsere Freundschaft schweisste sich in jenen Wochen zusammen. Wir wollten nichts mit den Gräueltaten der von der Gewalt geblendeten Anarchisten zu tun haben und hielten uns auch raus, wenn es um Entscheidungen über Leben oder Tod eines oder mehrerer gefangen genommener

Soldaten oder Zivilisten ging. Einmal fragte ich meinen Freund, warum es wohl zu solchen Gräueltaten in jenem Feldzug gekommen sei, und Fernando holte weit aus in der Geschichte seines Landes.

«Diese Hassakte, welche ich überhaupt nicht unterstütze und die sich sicherlich bald zu unseren Ungunsten wenden werden, sind Ausflüsse aus dem Ventil von einer langen Zeit der Ausbeutung und Unterdrückung der Arbeiter- und Bauernklasse, aber auch das Abbild eines ungebildeten Volkes. Die Reformation, die Aufklärung und die modernen Denkweisen in Europa nach der Französischen Revolution sind nur spärlich und am Rande in diesem Land angekommen. Die Anerkennung von Grundrechten und Reformen zugunsten des Volkes wurde nie richtig angepackt und durchgesetzt. Immer wieder obsiegte die Dreifaltigkeit: Monarchie, katholische Kirche und Militär, die ihre Macht in Spanien seit Jahrhunderten zementiert hatten. Während Europa durch die Industrielle Revolution das Bürgertum hervorbrachte, gab es in Spanien kaum soziale Fortschritte. Auch in diesem Jahrhundert ist der Analphabetismus immer noch hoch, und die Ländereien sind in den Händen weniger Grossgrundbesitzer. Wirtschaftliche Prosperität für alle war nie möglich, auch wenn nach der Ausrufung der Zweiten Republik einige Versuche unternommen wurden, Land- und Bildungsreformen ins Leben zu rufen.

Doch die Republik ist noch zu jung, um die Früchte dieser Reformen zu ernten. Lange lebte die spanische Oligarchie von ihren Kolonien, die sich jedoch im vergangenen Jahrhundert sukzessive vom Mutterland unabhängig proklamierten. Letztlich blieben nur noch Kuba und die Philippinen, die im Jahr 1898 an die Vereinigten Staaten von Amerika verloren gingen. Die konservativen Kräfte tun alles dafür, den so nötigen sozialen und wirtschaftlichen Fortschritt zu verhindern, um ihre Privilegien und Machtstellungen nicht zu verlieren. Immer wieder haben reaktionäre Parteien selbst das Chaos provoziert, um so ihre Berechtigung zu schaffen, sich als einzig legitime Ordnungshüter darzustellen. Ideologien wie der Anarchismus, der Kommunismus oder eben auch der Faschismus finden dort am meisten Anklang, wo die Bresche zwischen Arm und Reich am deutlichsten zum Ausdruck kommt. Dort, wo ganze Felder brachliegen, nur weil der andalusische *señorito* seine Ländereien nicht produktiv bearbeitet und seine Bauern als Frondiener behandelt. Dort, wo der Fabrikbesitzer seine Arbeiter schamlos ausnützt und die katholische Kirche stumm zusieht und, anstelle der Seelsorge und Unterstützung der Armen, sich mit den Mächtigen verbündet. Dort, wo Hunger und Elend herrscht, ist die Akzeptanz, für neue Ideen zu kämpfen und sogar zu den Waffen zu greifen, am grössten. Neue Ideen, die Sinn stiften, Lebensperspektiven geben, eine gerechtere Gesellschaft versprechen und uns bewusst machen, wer unser wirklicher Feind ist. Der lange aufgestaute Hass macht blind, und der Gram rächt sich an den Sündenböcken, die uns in diesem Bruderkrieg über den Weg laufen.

Moralische Zweifel an den Gräueltaten gegenüber dem Feind treten in diesem Kampf, wie in jeder militärischen Auseinandersetzung auf der Welt, in den Hintergrund. Die Rachsucht kurbelt die Gewaltspirale an, obwohl die republikanische Regierung mit allen gesetzlichen Mitteln versucht, diese zu unterbinden und auch zu bestrafen. Dies im Gegensatz zu den abtrünnigen Generälen, die die ihren, wie Queipo de Llano, von Sevilla aus in seinen täglich am Radio ausgestrahlten Hasspredigten, gegen die «roten Horden» aufscheuchen. Schreckensgeschichten erfährt man auch aus den von den Faschisten eroberten Gebieten in Andalusien. Die Legionsarmee und die Falangisten wüten dort gnadenlos und säubern jedes Dorf von politisch Andersdenkenden, gewählten sozialistischen Bürgermeistern, Volksschullehrern, Freimaurern und anderen nicht linientreuen Bürgern. Sogar unser berühmter Dichter Federico García Lorca wurde von den Faschisten in Granada ohne jegliche Anschuldigung ermordet. Den angeheuerten marokkanischen Kriegern wird freie Bahn für Plünderungen und Vergewaltigungen als Abfindung für die Unterstützung der Faschisten gegeben. In der Stierkampfarena von Badajoz in der Extremadura wurde ein regelrechtes Massaker und Gemetzel von Hunderten von Zivilen durch den Faschistengeneral Yagüe verursacht, sodass der ganze Platz nachher mit Blut überlaufen war.

Um das Land zu reformieren und den Frieden zu bringen, braucht es zunächst eine soziale Revolution, die die ganze aktuelle Machtstruktur umstürzt und neu definiert. Das ist prioritär und wichtiger, als zuerst den Krieg gegen die Generäle zu gewinnen. Wenn wir sozial alle gleichwertig sind, werden wir genügend stark sein, die Faschisten zu besiegen. Das ist ein entscheidender Punkt, in dem wir in unserer Strategie nicht mit den stalinistischen Kommunisten übereinstimmen. Die Kommunisten glauben, dass zuerst der Krieg in Spanien gewonnen werden muss, auch um einen grösseren Konflikt in Europa zu vermeiden. Die sozialen Reformen können gemäss ihrer Doktrin warten, bis die nötigen neuen Machtstrukturen aufgebaut und gefestigt sind. Wir FAI- und CNT-Anarchisten, POUMisten und Trotzkisten glauben jedoch, dass nun die Zeit gekommen ist, für unsere Ideale zu kämpfen und diese durchzusetzen.»

Der Abschnitt, dem wir zugeteilt wurden, war eine relativ ruhige Front. Hie und da kam es zu einzelnen Scharmützeln mit dem Gegner, der auf dem anderen Ufer des Ebro seine Stellungen hielt. Glücklicherweise hatten wir nur wenige Verluste zu verzeichnen. Die Tage waren sehr heiss und verliefen monoton. Immer wieder mussten wir abwechslungsweise stundenlange Wachen schieben, was mir sehr auf die Seele schlug, weil nichts passierte, und es schien, als ginge die Zeit nicht vorüber. Dafür gab es oftmals auch bereichernde Momente, in denen ich die Gelegenheit nutzte, mit meinen Waffenkameraden Gespräche zu führen und unsere Ansichten von jenem Konflikt und den politischen Gegebenheiten auszutauschen. Mein Spanisch wurde immer besser, und ich war stolz, dass ich inzwischen beinahe fliessend meine Gedanken weitergeben konnte. Oftmals erzählte ich auch von der Schweiz und unserer Kultur und schwärmte von den wunderschönen Landschaften, den Bergen und den Seen. Stolz vermittelte ich die Geschichte der alten Eidgenossen, die sich bereits vor vielen Hundert Jahren gegen Tyrannen und fremde Richter erhoben und sich, unabhängig von grossen europäischen Machtzentren, in einem demokratischen System selbstständig organisiert hatten. Meine Berichte wurden jeweils mit grossem Interesse angehört.

Die hygienischen Bedingungen an der Front waren dürftig. Wir hatten kaum einmal die Gelegenheit, uns zu waschen, und die Läuse, die sich in unseren Kleidern und Schlafstätten einnisteten, wurden unser eigentlicher Hauptfeind in jenen Sommertagen. Das Essen war knapp und eintönig. Beinahe täglich gab es *garbanzos*, Kichererbsen, die wir, sie waren nur kärglich gekocht, wohl oder übel essen mussten. Hie und da wurde der Eintopf mit etwas Schweinefett bereichert. Doch all diese Kümmernisse wurden vom Glauben an die Revolution und an den kommenden Sieg über den Faschismus verdrängt. Glücklicherweise hatten wir einen guten Zusammenhalt in der Truppe, und die Kameradschaft erleichterte unser Leben an der Front.

Durruti wurde zunehmend ungeduldig, weil er sein Ziel, Zaragoza einzunehmen, noch nicht erreicht hatte. Immer wieder versuchten die Anarchisten mit vereinzelten Angriffen, den Ebro zu überqueren und durch die feindlichen Linien in die Stadt einzudringen. Die Angriffe scheiterten, weil sie meist aufs Geratewohl erfolgten und ihnen keine geplante und koordinierte Taktik zugrunde lag. In einem jener Angriffe machten die Anarchisten etwa ein Dutzend Gefangene. Einer der festgenommenen Soldaten war verwundet und wurde ins improvisierte Feldlazarett gebracht, wo ihn Fernando aufnahm und notfallmässig operierte. Durruti hatte ausdrücklich den Befehl gegeben, keine der Gefangenen zu töten, weil er sie verhören und Informationen über die Verteidigungslinien erhalten wollte. Der Verwundete war ein junger Mann aus Navarra, der im Range eines Korporals bei den *requeté*-Truppen kämpfte. Er war am linken Oberschenkel verletzt, verlor viel Blut und litt sichtlich an den Schmerzen. Während den ersten vierundzwanzig Stunden nach der Operation rührte er sich kaum, als liege er bereits auf der Totenbahre, und war überhaupt nicht ansprechbar. Fest in seiner Hand hielt er ein Kruzifix, und man hörte sein ständiges und stilles Wimmern. Fernando meinte, dass er über die Runden kommen werde, und in der Tat, bereits zwei Tage später war der Patient wieder aufnahmefähig.

«*Quiero hablar con Durruti.* – Ich will mit Durruti sprechen», forderte der Korporal Fernando am Morgen des dritten Tages nach seiner Gefangennahme auf.

Dieser erwiderte ihm, dass es nicht möglich sei, sein Gesuch zu gewähren. Alle Verhöre würden von den Genossen des engen Mitarbeiterstabs von Durruti vorgenommen, aber nie vom Anführer persönlich. Trotzdem insistierte der Mann und teilte Fernando mit, dass er Informationen habe, die er nur dem Kommandeur unter vier Augen mitteilen wolle und könne. Mein Freund schickte einen Kameraden aus, um diese Petition dem Führungsstab mitzuteilen. Tatsächlich erschien Durruti nach einer Weile und ohne Gefolge und trat ans Bett des Verwundeten. Zufälligerweise war ich in unmittelbarer Nähe des Geschehens, weil ich damit beschäftigt war, neues Verbandsmaterial, das wir an jenem Morgen erhalten hatten, zu inventarisieren und die medizinischen Gebrauchsartikel in eine Holzkiste abzufüllen. Ich tat so, als sei ich mit meiner Aufgabe beschäftigt, doch ich konnte es nicht vermeiden, mit einem Auge auf die Szene zu schielen und zu horchen, was der faschistische Korporal unserem Truppenführer wohl mitteilen wollte. Der Patient sprach so leise und undeutlich, dass Durruti genötigt war, sich ganz nahe ans Bett des Verwundeten zu begeben und sich über ihn zu beugen, damit er die Botschaft verstehen konnte. In jenem Moment bemerkte ich, dass sich der Korporal, sein metallenes Kruzifix wie ein Stechmesser fest in seiner rechten Hand haltend, zum Angriff auf sein Opfer rüstete. Durruti schien dies nicht wahrzunehmen und bemühte sich, die Worte des Verwundeten genau zu verstehen. Die ganze Szene lief sehr schnell ab, und ich weiss heute noch nicht, wie das alles genau vor sich ging. Ich liess meine Verbandsmaterialien fallen, sprang auf den Korporal zu, schlug ihm die Tatwaffe aus der Hand und erteilte ihm einen gezielten Schlag auf seine rechte Schläfe, sodass er sofort bewusstlos wurde. Konsterniert, aber mit einer gelassenen Ruhe bemerkte Durruti:

«*Este hijo de la gran perra quería clavarme su Cristo en la garganta y dejarme desangrar como una oveja en el matadero.*
– Dieser Hurensohn wollte mir seinen Christus in die Gurgel stecken und mich ausbluten lassen wie ein Schaf im Schlachthof.»

Dann kam er auf mich zu, fragte nach meinem Namen und meiner Nationalität und umarmte mich brüderlich. Jener

Zwischenfall gab viel zu reden in unserem Lager. Wieder einmal mehr war Durruti dem Tod entkommen, und seine Legende als Unsterblicher wuchs in den Reihen der Anarchisten. Noch am selben Nachmittag wurden alle gefangenen Soldaten hingerichtet, und am Abend stieg ein Fest am Lagerfeuer mit viel Wein, der in den *botas* herumgereicht wurde. Fernando war sichtlich stolz auf mich, und in den kommenden Wochen wurden er und ich in den inneren Vertrauenszirkel des Anarchistenführers aufgenommen.

An einem heissen Vormittag gegen Ende August wurde ich aufgefordert, mich in den Kommandoposten zu begeben. Folgsam gehorchte ich dem Befehl und begab mich in Richtung Stab, der etwa fünfhundert Meter von der Krankenstation und unserem Logistikposten entfernt war.

«*André, te presento a un compatriota tuyo.* – André, ich präsentiere dir einen Landsmann.»

Durruti verwies mich an einen gross gewachsenen, etwa vierzigjährigen Mann, der mich mit festem Handschlag begrüsste.

«Otto Brunner ist mein Name. Jobin, ich habe von deiner Heldentat gehört. Wie geht es dir hier bei den Anarchisten?»

Ich freute mich natürlich, wieder einmal mit jemandem Schweizerdeutsch zu sprechen, und war ganz gebannt, als mich Otto über die allgemeine politische Lage und diejenige aus meinem Heimatland informierte.

«Seit Juli sind bereits Dutzende von freiwilligen Schweizern in Spanien angereist, um sich für die republikanische Sache einzusetzen. Meine Männer und ich kamen vor zwei Wochen via Basel und Paris ins Land. Wir sind nicht die einzigen Ausländer, die aus Solidarität mit der Republik zum Kampf bereit sind. Es sind Bestrebungen im Gang, internationale Brigaden aufzustellen, die im Krieg gegen die aufständischen Militärs zum Einsatz kommen würden. Ich bin hier in Aragón nur auf der Durchreise und werde nach Albacete in Neukastilien weiterfahren, um dort als Politkommissar bei der Organisation der ausländischen Truppen zu helfen. Ich glaube nicht, dass das Ausland still zusehen wird, wie sich der Krieg in Spanien weiterentwickelt. Zu viele strategische und geopolitische Interessen stehen auf dem Spiel. Die deutsche und die italienische Regierung machen mit der Militärjunta in Burgos gemeinsame Sache. Darum ist es wichtig, uns mit dem Komintern zu verbünden und Hitler und Mussolini zuvorzukommen. Weisst du, dass die Schweizer Regierung zwei Dekrete verabschiedet hat, die uns zur Neutralität verpflichten und es nicht erlauben, uns in den Konflikt einzumischen? Zum einen verbietet der Bundesrat alle Exporte von Kriegsmaterial nach Spanien und zum anderen jegliche aktive Teilnahme eines jeden Schweizer Bürgers an den Feindseligkeiten, egal, auf welcher Seite. Wir sind nun also illegal hier, André, und falls wir je wieder in die Schweiz zurückkehren, werden wir vor Gericht gestellt. Das ist lächerlich und beschämend zugleich. Aussenminister Motta und seine Bundesratskollegen haben eine gewisse Abneigung gegenüber der Republik und hegen Sympathie für die abtrünnigen Militärs. Die offizielle Schweiz hat also mehr Vertrauen zu einer Gruppe von Putschgeneralen als zu einer demokratisch gewählten Regierung. Warum wohl? Will unsere Landesregierung die faschistischen Nachbarstaaten nicht verärgern? Die Schweiz ist nur auf dem Papier neutral, und Neutralität in gewissen Situationen, in denen das Völkerrecht so offensichtlich verletzt wird, ist gleichzusetzen mit Feigheit. Was machst du eigentlich bei den Anarchisten?»

Ich erzählte Otto von meiner Reise mit Hans Dobler nach Barcelona, von unserem Vorhaben, an der Volksolympiade teilzunehmen, und von der darauffolgenden Verwicklung in die Kriegswirren.

«Das ist ja gewiss eine bemerkenswerte Aufopferung, aber sei vorgewarnt, André, die anarchistischen Kolonnen werden bald aufgelöst und in die regulären republikanischen Armeestrukturen integriert. Du würdest gut daran tun, das Lager zu wechseln, sobald die Internationalen Brigaden aufgestellt sind, und diese nutzlosen Utopisten hier zu verlassen.»

Otto Brunner war ein Mann der Tat, der blind seiner ideologischen Überzeugung folgte. Natürlich konnte ich zu jenem Zeitpunkt noch nicht ahnen, dass sich unsere Wege in Spanien noch ein paar Mal kreuzen sollten und Brunner am Anfang einer steilen militärischen Karriere in der republikanischen Armee stehen würde.

Die nächsten Wochen waren relativ ruhig an unserer Front. Immer wieder gab es einzelne Offensiven, die abwechslungsweise entweder von uns oder von der gegnerischen Seite ausgelöst wurden. Beide Parteien hatten Opfer zu beklagen, doch militärisch kam es zu keinem nennenswerten Durchbruch. Zaragoza wurde nicht befreit.

Nachdem Badajoz in der Extremadura und Talavera an Francos Afrika-Heer gefallen waren, stand ihnen nichts mehr im Weg auf ihrem Vorstoss nach Madrid. Im Norden gingen die Städte Irún und San Sebastián an die Armee von General Mola über. Anfang September trafen die beiden Heere von Franco und Mola westlich, unweit von Madrid, zusammen und nahmen so die Hauptstadt in die Zange. Kurz nach dem legendären Fall von Toledo Ende September, wo franquistische Truppen während Wochen stur und unter grossen Opfern den *alcázar* – die militärische Garnison der Stadt – verteidigt hatten, kürte sich Francisco Franco in Salamanca zum obersten General der Putschisten und nannte sich seit jenem

Moment an *generalísimo* oder auch *caudillo* (Führer). Im republikanischen Lager wurde eine neue Regierung, unter der Führung des Sozialisten Largo Caballero, gebildet, und es wurde beschlossen, die Volksarmee zu reorganisieren, die Milizen aufzulösen und diese in die republikanischen Heereseinheiten zu integrieren. Ende August entschloss sich Stalin, die Republik zu unterstützen, und mit dem Anlaufen der militärischen Hilfe durch die Sowjetunion wurden durch die Koordination der Komintern die Internationalen Brigaden formiert. Zur gleichen Zeit tagte die erste Sitzung des Nichtinterventionspaktes mit den wichtigsten internationalen Staaten in London. Unter der Bedrohung durch die konstanten und intensiven feindlichen Flieger- und Bombenangriffe auf Madrid wurde die republikanische Regierung am 6. November nach Valencia verlegt.

November 1936
Nur eine Woche später, nachdem die Zentralregierung Madrid verlassen hatte, traf die Kolonne Durruti in der Hauptstadt ein. Offiziell wurden nun die Milizen dem Kommando der republikanischen Volksarmee unterstellt, und es würde nicht mehr lange dauern, bis die Kolonnen als eigenständige Kampfeinheiten aufgelöst würden. Jene Entscheidung wurde aufgrund von Stalins Druck gefällt, als Preis dafür, dass die Sowjethilfe anlief. Die Armee wurde graduell besser und effizienter organisiert. Jene neue Organisationsform löste heftige Diskussionen unter den Anarchisten aus, weil diese es nicht gewohnt waren, unter militärischen Befehlsschemen mit Offizieren und Soldaten zu kämpfen. Viele weigerten sich, sich dem militärischen Drill zu unterstellen. Ich verstand diese Massnahmen, waren doch die genossenschaftlich organisierten Milizen in einem Kriegseinsatz nicht effektiv. Man kann doch nicht einfach jeden Befehl infrage stellen, über ihn dis-

kutieren und abstimmen, ob man ihn befolgen würde oder nicht.

Die Franquisten hatten sich bereits bis in die südlichen Vororte vor Madrid durchgekämpft und waren nur wenige Hundert Meter von der Innenstadt entfernt. General Miaja wurde von der republikanischen Zentralregierung beauftragt, die Stadt zu verteidigen, die seit jenem 6. November ganz auf sich allein gestellt war. Von ganz Spanien wurden Truppen in die Hauptstadt zusammengezogen. Auch zwei der neu gegründeten Internationalen Brigaden wurden von ihrem Ausbildungslager in Albacete nach Madrid verschoben. Madrid durfte nicht fallen, sonst wäre der Krieg verloren gewesen. Überall wurde die Parole «¡*No Pasarán!* Sie werden nicht durchkommen!» verkündet.

Fernando und ich waren mittlerweile enge Vertraute von Durruti geworden. Er hatte den Zwischenfall in Bujaraloz nie vergessen. Wir trafen zusammen mit ihm und anderen Milizionären seiner Leibgarde in einem Autobus am Nachmittag des 13. November von der *carretera de Barcelona* her in Madrid ein. Dort wurden wir begeistert von der Bevölkerung begrüsst und vom Volk als Befreier gefeiert. Die Stadt hatte bereits schwer unter den Luftbombardements und den Artilleriebeschüssen gelitten. Ganze Häuserreihen waren in Trümmer gelegt. Sogar der Prado wurde von den faschistischen Bomben beschädigt, was zur Folge hatte, dass Hunderte von Bildern sorgsam verpackt auf Militärlastwagen nach Valencia abtransportiert wurden, um die wertvollen und jahrhundertealten Kulturschätze vor der Barbarei zu retten. Trotz der feindlichen Bedrohung und des täglichen Terrors war die Bevölkerung gewillt, zu widerstehen und zu kämpfen. Die

Verteidigungslinien der Stadt wurden mit der unerschöpflichen Hilfe der Madrider Einwohner konstant verbessert.

Wir kamen in unserem Nachtquartier an und erhofften uns, uns etwas auszuruhen. Fernando wurde ins Hotel Ritz abkommandiert, welches zu einem Militärspital umfunktioniert wurde. Mit einer brüderlichen Umarmung verabschiedeten wir uns voneinander und wünschten uns alles Gute für die bevorstehenden Tage. Durruti versammelte alle seine Männer im Innenhof der Kaserne und schilderte uns die Lage. Die katalanischen Anarchisten waren nun entscheidend für die Verteidigung der Hauptstadt.

Nur einen Tag später wurden wir an die Front im *Casa de Campo* am südlichen Stadtrand von Madrid verlegt. Unsere Einheit war von den Verschiebungen in den vorherigen Tagen und den vorigen Gefechten in Aragón erschöpft. Mindestens zwei bis drei Tage Ruhezeit wären angebracht gewesen. Doch die dringliche Notlage, die Faschisten, die mit ihren marokkanischen Reitersoldaten, den *moros*, vorgestossen waren, zurückzuwerfen, war gross, und der Generalstab der Verteidigung von Madrid sah sich gezwungen, alle vorhandenen Mittel im Kampf einzusetzen. In unserer Truppenzeitung hatte ich bereits mehrmals über die Gräueltaten der afrikanischen Soldaten gelesen. Sie nahmen keine Rücksicht auf die Zivilbevölkerung, vergewaltigten Frauen und Mädchen, plünderten Häuser und schändeten sogar die Leichen der Soldaten, die im Kampf gefallen waren. Die Franco-Generäle duldeten diese Machenschaften unter ihren Soldaten, stieg doch dadurch die Furcht vor ihnen, wenn die *moros* als Stosstruppen in den Gefechten eingesetzt wurden. Ihr wildes, berberisches Kriegsgeschrei löste bei den republikanischen Einheiten in manchen Situationen Panik aus. Bis anhin war ich nie mit jenen Söldnern konfrontiert worden, doch in jener Nacht hatte ich eine unangenehme Vorahnung, weil ich wusste, dass im *Casa de Campo* marokkanische Kompanien standen. Meine Mitstreiter zeigten jedoch keine Angst, redeten mir Mut zu und machten sich sogar lustig über den Feind. Die Durruti-Anhänger hielten sich mit ihrem heldenhaften Mut für unsterblich. Die Aura des Anführers würde uns alle vor dem bevorstehenden Einsatz schützen. Wir wurden mit Handgranaten und Munition versorgt. Noch vor dem Morgengrauen des darauffolgenden Tages wurden wir auf Lkws in unsere Positionen am Fluss Manzanares am südlichen Stadtrand von Madrid verschoben. Unsere Kolonne löste die Truppe einer anderen Einheit ab, und die Stellungen waren bereits ausgehoben. In der Dämmerung sahen wir, wie abgekämpfte Soldaten mit ihren schmutzigen und zerfetzten Uniformen in die Ruhepositionen verschwanden. Einige waren verletzt, hinkten und wurden von Kameraden beim Gehen gestützt. Andere hatten notfallmässige, blutverschmierte Verbände um den Kopf gebunden. Niemand sprach ein Wort, und die Geisterprozession ging still an uns vorbei. Die Gesichter der Männer waren Ausdruck von Tagen des Widerstands und des Kampfes. Mir taten sie alle leid, doch ich wusste, dass nun wir den Kampf weiterführen würden und es an uns läge, ob Madrid fallen würde oder nicht. Ein Hauptmann der republikanischen Armee schilderte uns die Lage und gab uns den Kampfplan durch.

«Der Feind versucht seit mehreren Tagen, vom *Casa de Campo*-Park in das Universitätsviertel und in den *Parque del Oeste* durchzubrechen, damit er sich dort mit anderen, vom Westen herkommenden Einheiten der gegnerischen Armee zusammenschliessen und den Weg frei machen kann für die Invasion in die Innenstadt. Unser Auftrag ist es, zu verhindern, dass der Feind über die Franzosenbrücke den Manzanares überquert und das *Modelo*-Gefängnis erreicht. In diesem Gefängnis sind Offiziere und Soldaten eingekerkert, die im Juli-Putsch gegen die Republik meuterten. Die Kampfkraft der Angreifer würde erheblich erhöht, wenn es ihnen gelänge, die Häftlinge zu befreien.»

Ich hatte bereits am Vortag von der Existenz jener Insassen erfahren. Das Gerücht ging um, dass jeweils nachts Gefangenentransporte von der Haftanstalt nach Paracuellos del Jarama, einem Dorf im Nordosten von Madrid, organisiert und die Männer dort wahrscheinlich massenexekutiert würden. Man munkelte, dass jene Transporte auf Befehl der sowjetischen Kommissare, die sich bereits zu Dutzenden in Madrid aufhielten, ausgeführt würden. Die republikanischen Befehlshaber hätten sich wohl vor solchen kriegsverbrecherischen Entscheidungen gehütet. Die Sowjethilfe war jedoch zu jenem Zeitpunkt entscheidend, und man führte alles aus, was Genosse Stalin befahl, damit die Lieferungen nicht ins Stocken gerieten. Der Hauptmann fuhr fort:

«Eure Mission ist es, zu verhindern, dass die franquistischen Truppen bis zur Franzosenbrücke vordringen, sie zurückzudrängen und den *Garabitas*-Hügel einzunehmen, von wo aus der Feind das Zentrum von Madrid mit Artilleriegeschützen beschiesst. Die Durruti-Kolonne wird in drei verschiedenen Sektoren eingesetzt und durch eine Artilleriebatterie unserer regulären Einheiten unterstützt. Ihr werdet im Nahkampf mit dem Feind in Kontakt treten. Hütet euch vor den *moros*, die mit ihren Pferden angreifen, aber auch gut getarnt, von Bäumen aus als Scharfschützen agieren werden.»

Der Hauptmann konnte den Satz kaum fertig sprechen, als das feindliche Artilleriefeuer zu krachen begann und eine Mörsergranate etwa fünfzig Meter hinter uns einschlug. Instinktiv gingen wir in Deckung und krochen in die vorbereiteten Stellungen. Wir wussten, dass das intensive Granatenfeuer eine ganze Weile dauern würde, bevor der gegnerische Infanterieangriff begänne. Ich lag zusammen mit einem Dutzend Milizionären in einem Graben, und wir bereiteten ein leichtes Maschinengewehr vor, das wir bei unserer Madrider Feuertaufe das erste Mal einsetzen würden. Plötzlich war neben den Explosionseinschlägen ein lautes Brummen von Flugzeugen zu vernehmen, die sich unserem Frontabschnitt näherten. Eine Staffel deutscher Heinkel-Bomber der Legion Condor begann, die republikanischen Verteidigungsstellungen systematisch zu bombardieren. Das waren schlechte Voraussetzungen an jenem 15. November, um von unserer Seite eine Offensive zu starten und die feindlichen Truppen zurückzuschlagen. Rechts von mir lag Joan, ein junger Metallarbeiter aus Hospitalet. Er zitterte am ganzen Körper, hatte die Augen geschlossen, und mir kam es vor, als würde er beten. Ich versuchte, ihn zu beruhigen, und wollte so meine eigene Angst verdrängen. Unaufhörlich flehte er:

«*Madre mía, madre mía.*»

Wenn man der nackten Gewalt ausgeliefert ist, ruft auch der stärkste und ungläubigste Mensch nach einem göttlichen übergeordneten Schutz oder nach demjenigen der Mutter, die ihn in diese Welt gesetzt hat. Die Einschläge intensivierten sich, und links und rechts von uns explodierten die Granaten. Etwa fünfzig Meter von unserer Stellung entfernt hörten wir einen der Milizionäre schreien, der wahrscheinlich durch Granatsplitter verwundet wurde. Ich konnte aber nichts mehr genau erkennen. Die Erde war so aufgewühlt und der Staub so dicht, dass ich kaum meine Kameraden in unmittelbarer Nähe im Graben sehen konnte. Der Lärm war fürchterlich, und wir mussten uns zuschreien, damit wir uns verstanden. Links von mir lag Jordi, ein korpulenter Bauernbursche aus Tarragona. Er war ein guter Schütze. Ich hatte ihn bereits an der Aragón-Front als Mitkämpfer an meiner Seite. Stets strahlte er die nötige Ruhe aus und zeigte auch in jener dramatischen Situation keine Angst. Mir kam es vor, als würde das Bombardement unheimlich lange dauern, und wir konnten nichts tun, ausser in Deckung zu bleiben und zu warten, bis das Artilleriefeuer versiegte, und hoffen, dass keine Granaten in unserer Stellung einschlagen würden. Dann war es so weit. Das Feuer hielt inne, und wir nutzten die Situation, um uns für den Angriff vorzubereiten. Die MG-Schützen positionierten ihre Waffen. Ich hob mein Gewehr über den Stellungsrand hinaus und zielte Richtung gegnerisches Lager. Doch die Faschisten kamen uns mit ihrem Angriff zuvor, und ich traute meinen Augen nicht, als ich Dutzende, in Weiss gekleidete Reiter mit roten Fezen erblickte, die sich mit schrillem Kriegsgeschrei unseren Stellungen näherten.

«¡*Vienen los moros!* – Die Marokkaner kommen!», schrie Joan, während die MGs unseres Trupps zu rattern anfingen und das Gefechtsfeld bestreiften.

Die Angreifer waren die bewaffneten Reiter von Mohamed ben Mizzian, Anführer des Alhucemas-Bataillons und Verwandter des berüchtigten Abd el-Krim, der die spanische Armee im Rifkrieg in den 1920er-Jahren besiegt hatte und nun von Franco für dessen eigenen sogenannten «Kreuzzug gegen die Ungläubigen» angeheuert und bezahlt wurde. Die ersten Reiter fielen, aber hinter ihnen tauchte eine zweite Welle von Kriegern auf. Ich schoss aus vollen Rohren und glaubte zwei oder drei gegnerische Soldaten getroffen zu haben, als plötzlich mein Gewehr zu klemmen begann.

«Verdammt noch mal», fluchte ich laut vor mich hin und fing sogleich an, den Verschluss zu zerlegen.

«Warum um Himmels willen versagt gerade in diesem Augenblick meine Waffe?»

Dank dem Drill, den ich damals in meiner Rekrutenschule in der Schweiz durchgestanden hatte, war ich es gewohnt, das

Gewehr in wenigen Sekunden zu zerlegen und es wieder funktionsgerecht instand zu stellen. Als ich diese Waffenmanipulation gerade eben beendet hatte, näherte sich ein *moro* bedrohlich nahe meiner Stellung. Sein verletztes Pferd knickte etwa zehn Meter vor mir auf den Vorderbeinen ein und stürzte mit dem Reiter zu Boden. Blitzartig löste sich der Soldat aus dem Steigbügel und liess das Tier liegen. Dann erhob er sich und rannte mit wildem Kampfgeschrei direkt auf meine Stellung zu. Weil ich noch keine Zeit hatte, nachzuladen, und meine Kameraden mit anderen Feindesobjekten beschäftigt waren und mir keinen Feuerschutz geben konnten, stülpte ich, ohne zu überlegen, das Bajonett auf den Gewehrlauf und drückte den Kolben fest auf den Boden. Der Soldat zog sein Berbermesser, hob den rechten Arm in Angriffsposition, sprang mit energischem Schwung wie eine afrikanische Raubkatze auf die Beute zu und fiel in meine aufgepflanzte Stichwaffe, die sich, bedingt durch sein eigenes Körpergewicht, fest in seinen Bauch einrammte. Sein Leib sackte zwischen mir und Joan in den Schützengraben, und Blut quoll aus seiner weissen Uniform, die sich in Sekundenschnelle rot verfärbte. Ich stiess den Schwerverletzten zur Seite, damit ich das Bajonett aus seinem Körper ziehen konnte. Der Soldat starrte mich an und wollte noch etwas über die Lippen bringen, doch Joan kam ihm zuvor und gab ihm den Gnadenschuss in den Kopf. Der Gefallene war ein junger, vielleicht achtzehnjähriger Maure. Wir hatten keine Zeit, uns um die Leiche zu kümmern, und schossen weiter. Die nächste Angriffswelle musste abgewehrt werden. Ein grausames Gemetzel zeichnete sich ab, und es fielen zahlreiche Soldaten auf beiden Seiten. Das Gefecht dauerte eine gute Weile an, bis wir durch die ununterbrochene Feuerübermacht des Angreifers gezwungen wurden, uns in die Reservestellungen zurückzuziehen, obwohl wir dazu keinen Befehl erhalten hatten. Es war unmöglich, ohne die Unterstützung der versprochenen Artillerie den vorgesehenen Angriff auf den *Garabitas*-Hügel auszuführen. Die Auflösung der Stellungen und der Rückzug erfolgten ungeordnet und unter Panik. Das Gegenfeuer war äusserst intensiv, und die Schüsse zischten über und neben uns vorbei. Die Verschiebung der vielleicht einhundert Meter in die geschützte Hinterstellung kam mir endlos vor. Doch der Wille, unser Leben zu retten, war so stark, dass wir unsere Strapazen in jenem Moment kaum spürten. Wie durch ein Wunder war ich nicht verwundet und konnte so Joan helfen, der einen Streifschuss am linken Oberarm erlitten hatte. Ich nahm ihm seine Munitionstasche ab und schleppte ihn, indem ich ihn an seinem rechten Arm hielt, in die Schutzposition. Dort angekommen, sackte ich vor Erschöpfung zu Boden und erbrach mich. Ein Kamerad gab mir seine Feldflasche, und ich spülte meinen Mund mit Wasser.

Wir erfuhren, dass auch die Kolonne von López-Tienda ihre Stellungen beim *Modelo*-Gefängnis aufgegeben hatte. Die katalanischen Truppen waren für die harte Madrid-Front nicht vorbereitet. Der Einsatz jener Einheiten war ein strategischer Fehler von Miaja und seinem Generalstabschef Oberstleutnant Vicente Rojo. Die Franzosenbrücke wurde noch vor dem Mittag gesprengt, und die Stadtverteidiger verhinderten somit, dass eine Mehrzahl der gegnerischen Truppen über den Manzanares stossen konnte. Trotzdem gelang es einigen Hundert Legionären und Marokkanern, in das Universitätsviertel einzudringen und sich im Lehrgebäude der Architekturhochschule zu verschanzen.

Wir wurden unterdessen an einen sicheren Ort im Waisenheim *Asilo de Santa Cristina* abtransportiert, um uns zu retablieren und uns zu reorganisieren. Durruti war auch am Platz und offensichtlich sehr wütend.

«¿Quién ha dado la orden de retirarse de nuestras posiciones? ¡Los anarquistas no cedemos nunca! – Wer hat den Befehl zum Rückzug gegeben? Wir Anarchisten weichen dem Feind niemals!»

Er hob seine Waffe in die Höhe (er trug immer eine Maschinenpistole Typ Schmeisser mit sich herum) und erwartete einen Zuruf seiner Truppe, um seinen Schlachtruf zu unterstützen. Doch dieses Mal bekam er nur ein ungemütliches Schweigen seiner Männer als Antwort. Es war nicht besonders klug von Durruti, uns in jener Situation Vorwürfe zu machen und uns anzubrüllen. Wir waren von unserem Kampfeinsatz entkräftet und demoralisiert. Zahlreiche Milizionäre hatten schlimme Wunden, und einige äusserten, dass sie wieder zurück nach Barcelona wollten. Obwohl ich Vertrauen zu Durruti hatte, schwieg ich in jenem Augenblick, weil ich nicht noch mehr Öl ins Feuer giessen wollte und wusste, dass der Mann cholerisch war. Joans Wunde wurde vor Ort behandelt, und Jordi schwieg still in sich rein. Wir warteten auf Befehle und ahnten, dass nun die Schlacht im Universitätsviertel, wo sich die feindlichen Angriffe intensiviert hatten, bald weitergehen würde.

Mit einem Lastwagen wurde uns endlich die langersehnte Verpflegung gebracht. Eine Tasse mit Kraftbrühe und ein hartes Brot pro Kämpfer. Mehr gab es nicht. Wir hatten uns in der Zwischenzeit an die spärlichen Mahlzeiten gewöhnt und gelernt, damit umzugehen, nur kleine Portionen und diese zu unregelmässigen Zeiten einzunehmen. Trotzdem dachte ich in jenem Moment an eine warme Berner Platte, die meine Mutter früher jeweils an Sonntagen aufgetischt hatte. Was hätte ich dafür gegeben, mich wieder in meine Kindheitszeit zurückzuversetzen und nie in diesen jämmerlichen Krieg involviert zu werden! Wo war bloss Hans Dobler? Lebte er noch? Hatte er sich den Freiheitskampf der Arbeiterklasse damals in Bern so vorgestellt? Wahrlich kein heldenhafter Kampf, sondern eine blutige, dreckige, brutale, stinkende Angelegenheit, die nur Tod, Verderben und Leid auslöst. Wussten die Parteifunktionäre und die Gewerkschaftsideologen in ihren Marmortürmen, mit welcher Wirklichkeit wir in jenem Kampf gegen den Faschismus konfrontiert waren?

«¡*Tómate un trago, camarada!* – Nimm einen Schluck, Genosse», munterte mich Jordi auf und hielt mir eine *bota* Wein hin.

Jordi hatte recht. Es gab Situationen, in denen das Grübeln nicht half, und ich war froh, dass ich in solchen Momenten auf die Unterstützung meiner Kameraden zählen konnte. Die Nacht brach herein und ein frostiger Wind wehte von der *Sierra de Guadarrama* herab. Im Schutz der Dunkelheit begann wiederum das feige Ritual der Bombardements durch Francos deutsche und italienische Verbündete, um die Madrider Zivilbevölkerung zu terrorisieren und zu entmutigen. Der Hass auf die Faschisten wurde aber dadurch nur noch grösser und der Wille, auszuharren, gestärkt.

Unsere Vermutungen, dass wir bald wieder in den Einsatz kämen, bestätigten sich bei Tagesanbruch. Nach nur ein paar Stunden Schlaf wurden wir geweckt und aufgefordert, mit sämtlichem Material auf einen Camion zu steigen. Die Verschiebung ins unweit gelegene Universitätsviertel stand bevor. Wir wussten damals noch nicht, dass sich dort, in jenen Novembertagen, eine der kritischsten und entscheidendsten Fronten für den weiteren Kriegsverlauf bilden würde. Gerüchte gingen um, dass die Franco-Truppen, unter dem Kommando von General Varela, an jenem Morgen den Vorstoss von Westen her in die Innenstadt beginnen würden. Sogar der republikanische Ministerpräsident Largo Caballero schien von seinem Regierungssitz in Valencia aus mit ungeschickten

Pressekommentaren Madrid bereits innerlich aufgegeben zu haben. Alle Voraussetzungen waren also denkbar schlecht, das Blatt doch noch zu wenden, die Angreifer zu schwächen und zurückzuwerfen.

Die Verteidigungsjunta von Madrid dagegen arbeitete seit Tagen auf vollen Touren und setzte alles daran, alle nur möglichen militärischen und zivilen Ressourcen zur Verteidigung der Stadt aufzubieten und wirksam einzusetzen. Wir wurden dem Abschnitt beim Gebäude der Abteilung für Agrarwirtschaft zugeteilt. Das ganze Universitätsgelände hatte bereits sehr unter den Bombardements gelitten. Die Lehrtrakte waren sichtlich beschädigt. Die Vorplätze waren mit Schutt, zerbrochenen Glasscheiben und Steinen bedeckt. Umgeknickte Bäume und zerbombte Transportvehikel verhinderten jegliche Weiterfahrt durch die Alleen. Der Geruch von Verbranntem und abgefeuertem Munitionspulver lag über dem Kampfgebiet. Es war der üble Geruch des Todes und der Verwüstung.

Ich wurde wiederum mit Jordi und Joan als MG-Trupp eingesetzt. Obwohl Joan verletzt war, wurde er trotzdem in den Einsatz beordert. Wir schleppten die Waffe mit der Lafette und der Munitionskiste zu zweit, um unseren Kameraden zu schonen und ihn zu entlasten. Danach verschanzten wir uns in einem Vorlesungssaal im Erdgeschoss, aus dessen hohen Fenstern wir eine gute Sicht auf das vorliegende Feld hatten, von dem aus wir den Feind erwarten würden. Wir machten ab, dass ich zuerst als Schütze und Jordi als Lader in Position gehen würde. Joan übernahm den Beobachtungsposten des Gefechtsfeldes, um das Feuer zu koordinieren. Kurz nachdem wir in unsere Stellung gegangen waren, begann die feindliche Artillerie ihr Tageswerk. Vermutlich kamen die Salven von jenem Hügel im *Casa de Campo* her, den wir am Vortag nicht hatten einnehmen können. Glücklicherweise waren die Einschläge unpräzis und schlugen einige Hundert Meter weiter westlich im Niemandsland ein. Doch die Bedrohung nahm schlagartig zu mit dem Einsatz der maurischen Kavallerie und den Infanterieeinheiten der Afrikalegion. Wir liessen die Reiter bis etwa dreihundert Meter an uns herankommen. Dann nahmen wir den Feind aus unseren Stellungen heraus unter intensiven Beschuss. Die ganze Gebäudefront war besetzt mit MG-Schützen. Unsere Salven verursachten einige Unordnung in ihren Linien. Die Reiter wurden zu Dutzenden getroffen und fielen wie Säcke von ihren Pferden. Viele blieben tot oder schwer verletzt am Boden zurück. Andere rappelten sich auf und schleppten sich feuernd zu Fuss weiter. Einige verschanzten sich hinter den leblosen Pferden und schossen von dort aus auf unsere Stellungen. Das Gefecht dauerte bereits eine gute Weile an, und es gelang dem Feind vorerst nicht, im geschlossenen Verband vorzudringen und uns zu bezwingen. Damit sich der Lauf nicht zu stark erhitzte, gab ich bewusst kurze Feuerstösse ab. Joan beobachtete die Einschläge der Garben in den feindlichen Linien und gab mir konkrete Zielanweisungen, damit ich immerzu die Schusskorrekturen vornehmen und die Treffsicherheit erhöhen konnte.

Es schien, als ob die erste Welle abgewendet würde. Die Kavallerie hatte sich zurückgezogen, und die Infanterielegionäre verschanzten sich hinter Bäumen oder Erdwällen. Einzelne Kämpfer stiegen auf Bäume. Das waren die maurischen Scharfschützen, vor denen uns am Vortag der republikanische Hauptmann gewarnt hatte. Leider waren unsere Waffen nicht so präzis, um jene Späher auf Distanz zu eliminieren. Wir mussten uns also hüten und stets in gedeckter Position bleiben. Vor allem die linke Flanke unserer Einheit war während des Gefechts einem intensiven Feuer ausgeliefert, und wir hatten auch zahlreiche Verluste zu verzeichnen. Ein Mörsergeschoss traf mitten in eines unserer MG-Nester, und die zerfetzten Leichen fielen nach der Explosion in alle Himmelsrichtungen. Eine unserer frischen Kampfeinheiten, die während des Morgens zur Verstärkung aus der Innenstadt zu uns gestossen war, hatte die Mission, die feindliche Infanterieeinheit in die Zange zu nehmen, um den Frontalangriff auf das Universitätsgebäude zu entlasten. Als unser Flankenfeuer einsetzte, nutzten wir die Kampfpause, um unsere Waffe zu warten, den Ersatzlauf aufzusetzen und neue Munition abzuspitzen.

«¡*Jodidos hijos de puta!* Die verdammten Hurensöhne!», fluchte Joan vor sich hin und hielt die stossenden Schmerzen seiner Verwundung tapfer aus.

Der linke Arm seiner Weste war mit Blut verschmiert. Trotz seines Leidens half er mit, unsere Stellung zu verbessern, und er schleppte Sandsäcke und sogar Bücher, die im Lehrsaal deponiert waren und die uns als Schutzwall dienten, heran. Wir waren übermüdet und unsere Nerven lagen blank. Obwohl wir bereits seit Stunden nichts gegessen hatten, spürten wir keinen Hunger. Durch die Anstrengungen des Kampfes erlosch in uns jedes Ernährungsbedürfnis. Als sich der gegnerische Angriff wieder intensivierte, schossen wir beständig mit kurzer Kadenz in ihre Linien hinein. Je länger das Gefecht dauerte und wir nicht von unserer Stellung wichen, desto grösser wurde die Gefahr, vom Mörserfeuer, welches in der Hinterstellung des Feindes abgeschossen wurde, geortet zu werden. Wir mussten also baldigst die Entscheidung treffen, uns in eine Ersatzstellung zu verschieben, damit es uns nicht gleich erginge wie unseren Kameraden im MG-Nest der linken Flanke. Die schweren Einschüsse waren merklich präziser geworden und schlugen bereits in der Nähe unseres Standortes ein. Ich forderte darum Joan auf, sich zurückzuziehen und eine geeignete Reservestellung für uns auszumachen. Doch aus jenem Manöver wurde leider nichts. Just in dem Augenblick, als sich Joan aus seiner Deckung erhob, zischte ein Projektil durch das Fenster und drang in seine Schläfe ein. Durch den Feuerstoss prallte er mit dem Rücken gegen eine Seitenwand und fiel tödlich verletzt nieder. Sein Kopf war gänzlich zertrümmert und sein Gesicht unkenntlich gemacht. Noch heute mache ich mir den Vorwurf, dass ich der Schuldige war, Joan im Kampf vor Madrid, weit weg von seiner katalanischen Heimat, in den Tod geschickt zu haben.

Im Moment des Geschehens hatten wir jedoch keine Zeit, uns um unsere Gefühle zu kümmern. Wir verliessen fluchtartig unsere Stellung. Jordi nahm das MG auf seine Schultern, ich die zwei Waffenkisten mit der Munition, die noch übrigblieben, und wir rannten so gut wir konnten aus dem Vorlesungssaal hinaus in Richtung Innenhof des Gebäudes. Gerade in jenem Augenblick, als wir zur Türe hinausgingen, explodierte eine Granate im Hörsaal. Der Knall war fürchterlich laut und heftig und betäubte unser Gehör während Stunden. Eine Staublawine breitete sich aus, und wir zitterten am ganzen Körper von der Expansionswelle der Detonation. Glücklicherweise waren wir beide unverletzt. Im Innenhof angekommen, wurden wir zusammen mit zwei Dutzend Kameraden von einem Hauptmann gesammelt, der uns den Befehl gab, uns zu dem dreihundert Meter entfernten Trakt der medizinischen Fakultät zurückzuziehen und dort neue Stellungen einzunehmen. Das gegnerische Artilleriefeuer nahm an Ausmass zu, und wir mussten uns beeilen, damit wir nicht durch einstürzende Mauern zugeschüttet wurden.

Die Nachricht ging um, dass sich die XII. Internationale Brigade, die auch erst kürzlich wie wir in Madrid eingetroffen war, uns in den nächsten Stunden im Universitätsviertel unterstützen würde. Diese Ankündigung gab uns den nötigen Ansporn, weiterzukämpfen. Wir wussten, dass in den vorherigen Wochen Hunderte von Freiwilligen aus der ganzen Welt nach Spanien gekommen waren, in Albacete die nötige militärische Grundausbildung erhalten hatten und nachher im republikanischen Heer den Internationalen Brigaden zugeteilt wurden.

Als wir am späteren Nachmittag unsere zugewiesenen Stellungen so gut wie möglich eingerichtet hatten, dämmerte es bereits. Trotz der kritischen Lage und des Umstandes, dass der Feind nur ein paar Hundert Meter entfernt von unserem Standort lag, verlief die Nacht ohne Kampfeinsatz. Dennoch hörten wir ununterbrochen Bombenexplosionen, aber unsere Positionen blieben verschont, und wir konnten abwechslungsweise etwas schlafen. Jordi war stumm in sich verschlossen, und gelegentlich wischte er sich Tränen von seinem Gesicht. Die Geschehnisse des Tages hatten uns tief erschüttert, und wir beide waren mit unseren Gedanken beim jungen Joan, der nicht mehr unter uns weilte und auf eine menschenunwürdige Art aus dieser Welt gerissen worden war. Heute war es Joan, aber morgen würde es vielleicht einen von uns treffen. Dieser verdammte Krieg.

Am nächsten Tag weckte mich ein lautes Dröhnen von sich uns nähernden Flugzeugen. Sofort nahmen wir unsere Stellungen ein und beobachteten den Luftraum. Jordi rief freudig:

«*Son nuestros chatos*, das sind unsere *Stumpfnasen*.»

Tatsächlich tauchte eine Staffel russischer I-15-Jagdflugzeuge auf, die die Spanier wegen ihren kurzen Motorhauben *chatos* oder Stumpfnasen nannten. Ein intensiver Angriff auf die Stellungen der Legionärseinheiten begann. Die republikanische Luftwaffe löste den Gegenangriff auf jene Positionen aus, die wir am Vortag dem Feind abgegeben hatten. Nach dem Bombardement würden wir angreifen. Unsere Attacke erfolgte etwa eine Stunde später. Die Durruti- und die López-Tienda-Kompanien rückten aufs offene Universitätsgelände vor, was sich wenig später als grosser Fehler herausstellen sollte. Unsere Taktik war gänzlich unkoordiniert. Jeder einzelne Trupp bewegte sich isoliert für sich, ohne Kommunikation zwischen den Einheiten und ohne dass Rücksicht auf den grösseren Verbund genommen wurde. Dieses Vorgehen schwächte nicht nur unser Angriffspotential, indem wir unsere Feuerkraft verzettelten, sondern gab dem Gegner auch die Gelegenheit, uns aus seinen gefestigten Positionen problemlos unter Beschuss zu nehmen. Dutzende Milizsoldaten fielen im Bomben- und Granatenhagel oder blieben schwer verletzt liegen. Jordi und ich hielten uns hinter einer Steinmauer geschützt in Stellung und gaben unseren vorrückenden Leuten so gut wie möglich Deckungsfeuer mit niedrig gehaltenen MG-Garben. Damit wir nicht geortet würden, wollten wir eine kurze Feuerpause nutzen, um uns zu versetzen. Wir hatten unsere Stellung kaum verlassen, als in unmittelbarer Nähe ein Geschoss einschlug, welches das Erdreich aufwühlte und uns darunter begrub.

Ich weiss nicht, wie lange ich bewusstlos war. Als ich wieder zu mir kam, hörte ich fernab die Stimme eines Offiziers, der den Rückzug befehligte:

«*¡Retrocedamos al Clínico!* Wir verschieben uns ins Spitalgebäude!»

Gemeint war die von der medizinischen Fakultät südöstlich gelegene neu erstellte Spitalanlage, welche erst kurz vor den Kämpfen in Madrid in Betrieb genommen worden war. Ausser ein paar Schrammen war ich unversehrt, und als ich einigermassen wieder bei Sinnen war, sah ich mich nach Jordi um. Mühsam wühlte ich mich aus dem Kraterloch heraus und kroch einige Meter, bis ich auf eine steif aus dem Dreck herausragende Hand stiess. Eilig machte ich mich daran, den

Schutt zu beseitigen und den Körper zu befreien. Ich sah gleich, dass es auch Jordi erwischt hatte. Regungslos und mit blutüberströmtem Kopf starrte mich der Gefallene an. Abermals konnte ich nichts anderes tun, als die Augenlider des Toten zu schliessen. Wieder ein Genosse, der fernab von seiner Heimat im Kampf gegen den Faschismus gefallen war. Reflexartig nahm ich Jordis Gewehr und die restliche Munition, die er bei sich trug, und rannte in gebückter Haltung Richtung *Clínico*. Als ich dort ankam, wurde ich mit einem Dutzend Kameraden von meiner Einheit dem Edgar-André-Bataillon zugeteilt, und wir erhielten den Befehl, unsere Stellungen im Erdgeschoss des Westtraktes einzunehmen und uns für weitere Anordnungen bereitzuhalten. Das Infanteriebataillon war Teil der XI. Internationalen Brigade Thälmann, die mit der XII. Brigade Garibaldi zur Verteidigung der Westfront von Madrid zusammengezogen wurde. Immer noch waren Schüsse und Granateneinschläge in unmittelbarer Nähe zu hören. Feindliche Kämpfer waren auch in anderen Teilen des Spitals verbarrikadiert. Die Schlacht auf dem Universitätsgelände war in vollem Gange, und jeder Quadratmeter wurde heftig umkämpft. Obwohl wir uns an jenem Tag einige Hundert Meter zurückziehen mussten, waren die Franco-Legionäre nicht in der Lage, die Verteidigungslinien definitiv zu durchbrechen und in die Innenstadt von Madrid einzumarschieren. Jede neue Angriffswelle wurde abgewehrt, und die Stosstruppen erlitten schwere Verluste. Die marokkanischen Söldner waren es nicht gewohnt, in einer für sie fremden Umgebung, zwischen und innerhalb von Gebäuden einer Grossstadt, zu kämpfen. Ohne den Einsatz der Pferde auf freiem Feld oder in gebirgiger Umgebung schöpften die Rif-Krieger ihr Potential nicht voll aus. In Madrid stand dem aufständischen Afrika-Heer zum ersten Mal im Bürgerkrieg eine professionellere Armee gegenüber und nicht nur, wie bis anhin, unausgebildete Freiwillige aus zusammengewürfelten Kollektiven.

Es nachtete bald ein, und eine trockene Kälte drang in das leere, mit schweren Steinmauern gebaute Spital ein. Der knurrende Magen hinderte mich am Schlafen, und um vier Uhr wurde ich zum Wacheschieben aufgeboten. Das Bataillon war vor allem mit französischen Freiwilligen, die erst seit ein paar Wochen in Spanien waren, besetzt. Arbeiter, Studenten oder einfache Angestellte, die meist durch die Komintern-Organisation in Paris rekrutiert und dann mit dem Schiff von Marseille via Alicante nach Albacete ins Ausbildungslager der Internationalen Brigaden transportiert worden waren. Ich dachte immerzu an meine zwei gefallenen katalanischen Kameraden. Obwohl der Tod auch mich jederzeit hätte heimholen können, hatte ich komischerweise zu jenem Zeitpunkt die Angst verdrängt, mein Leben zu verlieren. Wahrscheinlich entwickeln in solch extremen Krisensituationen urplötzlich unausgeschöpfte innere Kräfte im Menschen einen Schutzschild zum Überleben.

Die Kämpfe im Gebäude des *Clínico* arteten in den nächsten Tagen zu den wohl brutalsten Episoden im Krieg aus. Trakte, Stockwerke und sogar einzelne Zimmer wurden vehement umkämpft, und der Blutzoll und der Verschleiss von Material und Munition waren auf beiden Seiten enorm. Ich habe von jenen Kampfhandlungen während den darauffolgenden Tagen aber erst später erfahren. Glücklicher- oder unglücklicherweise wollte es mein Schicksal, dass ich auf einer anderen Bühne im Spektakel landete.

Am frühen Morgen des 19. November wurde ich von meinem Wachposten zusammen mit drei anderen Mitkämpfern für die Munitionsfassung abkommandiert. Wir erhielten den

Befehl, uns auf einen naheliegenden Platz, unweit des Spitals, zu verschieben und dort auf einen Lastwagen zu warten, der eine Ladung für unser Bataillon liefern würde. Das Fahrzeug konnte sich aus taktischen Gründen nicht bis ans Spital nähern, weil die Gefahr bestand, dass die Fracht unter Beschuss genommen und bei unseren Stellungen explodieren könnte. Die Munitionskisten mussten also einzeln vom Lieferort zu unseren Truppen geschleppt werden. Der Lkw war noch nicht eingetroffen, als wir am vereinbarten Standort bei der Strassenkreuzung zwischen der *Calle de la Viña* und der *Calle Olivos* eintrafen. Erschöpft setzten wir uns am Randstein des Platzes im Schutze einer Mauer. Einer der Soldaten teilte mit uns ein hartes Stück Brot und öffnete eine Sardinendose. Die nahen Gefechte nahmen wieder an Intensität zu, und Gewehrsalven und Handgranateneinschläge widerhallten zwischen den Gebäuden im Quartier. Fernab glaubte ich auch bereits wieder Flugzeuge zu orten, die in unsere Richtung flogen. Unsere Moral war am Boden, und die morgendliche Kälte und Übermüdung trugen dazu bei, dass Desertionsgedanken aufkamen. Natürlich äusserte sich niemand so explizit darüber, aber ich bemerkte die Enttäuschung über die Rückschläge der vergangenen Tage in den Gesichtern meiner Kameraden, obwohl der Feind bis anhin noch nicht durchgebrochen war.

Unerwartet näherten sich uns zwei schwarze Automobile. Das erste fuhr mit hoher Geschwindigkeit an uns vorbei, und das zweite hielt etwa zehn Meter vor uns an. Die Türe hinter dem Fahrersitz ging auf, und Durruti persönlich stieg aus dem Auto. Mit entschlossenem Schritt kam er auf uns zu und brüllte uns an:

«*Cobardes, ¿Habéis abandonado vuestra posición?* – Ihr Feiglinge, habt ihr etwa eure Position verlassen?»

Durruti erkannte mich und sagte:

«¿*Y tú también, Andrés? – ¡Vaya decepción!* Und du auch, André? Was für eine Enttäuschung!»

Er packte seine umgehängte Maschinenpistole und bedrohte uns ausser sich vor Rage. Ich stand auf und erklärte Durruti beschwichtigend die Situation. Er schien zu begreifen und steckte die Waffe weg. Der Anarchistenführer wollte an jenem Tag persönlich seine Truppen beim Angriff im *Clínico* befehligen und war bereits früh von seinem Hauptquartier mit seinem Chauffeur und einem Leibwächter an den Frontabschnitt gefahren. Ich schilderte Durruti die Kämpfe vom Vortag, und wir wechselten noch ein paar Worte. Mit besorgtem Gesichtsausdruck drehte sich der Kommandant um und schritt wieder Richtung Fahrzeug zurück. Als er dort ankam und die Türe zum Hintersitz öffnete, knallte ein Gewehrschuss, dem ein dumpfer Schlag folgte. Es war Durrutis verwundeter Körper, der gegen das Fahrzeug schlug. Eine Blutlache ergoss sich neben dem Auto. Der Leibwächter und der Chauffeur hoben den Verletzten auf den Rücksitz. Ich wollte gerade herbeieilen, um zu helfen, doch die Türen schlugen vor meiner Nase zu und das Fahrzeug raste mit maximaler Beschleunigung davon. Die ganze Szene lief in Sekundenschnelle ab, und wir standen unter Schock. Was war geschehen? Wer hatte diesen Schuss ausgelöst? War Durruti tot oder nur schwer verletzt? Ich konnte es kaum fassen. Wenn es Durruti jetzt erwischte, würde die Schlacht um das Universitätsareal in ein Desaster führen, Madrid fallen und wahrscheinlich auch die Republik. Was sollten wir nun tun? Ich dachte zuerst, dass es das Beste wäre, am Ort auf den Munitionslastwagen zu warten und nachher den Zwischenfall dem Kommandanten des Edgar-André-Bataillons zu melden.

Die Minuten vergingen, und es war weit und breit kein Lastwagen zu erspähen, während die Gefechte in der Umgebung andauerten und sogar an Intensität zunahmen. Die

Warterei machte mich ungeduldig. Dieses Vorkommnis war von enormer Bedeutung und musste so bald wie möglich gemeldet werden. Doch wenn wir unsere Position verliessen, würde dies eine Missachtung unseres Auftrags bedeuten. Der Munitionsnachschub war von höchster Wichtigkeit für das ganze Bataillon und den weiteren Verlauf der Rückeroberung des Spitalkomplexes. Unser Detachement durfte sich auch nicht trennen. Zu gross war die Gefahr, von verschanzten Scharfschützen des Gegners ins Visier genommen zu werden. Da ich der erfahrenste Kämpfer der Gruppe war, entschloss ich mich trotz der feindlichen Bedrohung, zurück in den Bataillonsstab zu verschieben. Die anderen drei Soldaten würden auf dem Platz in Deckung auf den Lastwagen warten und danach mit den Munitionskisten wieder zu den Kampfeinheiten stossen. Der jüngste Kamerad der Gruppe drängte jedoch, unbedingt mit mir zu kommen, um das Risiko eines Ausfalls zu mindern. So würden wir am besten gewährleisten, dass die Information bis zum Bataillonskommandanten Hans Kahle durchkäme. Ich war nicht unbedingt begeistert von der Idee, gab aber nach, weil die Zeit drängte. Alle nickten, und wir machten uns gefechtsmässig und in höchster Alarmbereitschaft auf den Weg. Meine schlimmsten Befürchtungen bewahrheiteten sich nur wenig später. Nach etwa einhundert Metern traf ein gezielter Schuss aus unbekannter Richtung meinen Kameraden in die Brust. Die treffsicheren maurischen Scharfschützen lauerten in ihren Verstecken wie hungrige Krokodile an einer Wasserstelle in der Savanne, bis sich der Gegner in ihrem Zielraum näherte und sie ihn dann wie ein Beutetier erlegen konnten. Ich kroch zu meinem Kameraden hin und stellte fest, dass er eine offene Wunde im Herzbereich hatte, aus der ununterbrochen Blut strömte. Mühsam schleppte ich ihn hinter einen dicken Kastanienbaum, doch als wir dort ankamen, war der Soldat bereits seiner Verletzung erlegen. Ich nahm dem armen jungen Burschen die Identitätspapiere und die wenigen persönlichen Gegenstände aus seiner Uniform ab, unter denen sich auch eine alte Taschenuhr befand, um sie nachher im Bataillonsstab abzugeben.

Vorsichtig bewegte ich mich weiter bis zu einem Wachposten unmittelbar vor dem Spitalgebäude und identifizierte mich. Ein Soldat brachte mich zum Bataillonsstab, wo ich einem Hauptmann übergeben wurde. Detailliert schilderte ich ihm die Ereignisse, den Zwischenfall mit Durruti und den Verlust meines Kameraden. Ich meldete auch, dass der Munitionsnachschub nicht funktioniere und zwei unserer Leute sich immer noch am befohlenen Ort befänden. Der Hauptmann nahm meinen Bericht zur Kenntnis und befahl mir, mich bei der Kompanie zu melden, der ich am Tag zuvor zugeteilt worden war. Er zeigte keine sonderliche Anteilnahme an meinen Schilderungen und verliess den Raum.

Die Gefechte an jenem Tag gingen in gleicher Intensität weiter wie am Vortag. Etliche Kameraden wurden zum Teil schwer verwundet, und Dutzende fielen. Die Front weichte sich trotzdem nicht auf. Auch in der nächsten Nacht liessen die Kämpfe nicht nach, und wir mussten stets auf der Hut sein, um vom Feind in einem der Spitalgänge nicht überrumpelt zu werden.

Am darauffolgenden Tag, es war der 20. November, wurde ich früh von einer Ordonnanz aus dem Halbschlaf gerissen und aufgefordert, mich im Gefechtsstand des Bataillonskommandanten zu melden. Kahle, ein hagerer, mittelgrosser Mann mit ernsten Gesichtszügen, empfing mich persönlich.

«Genosse André, die Anarchisten trauern um ihren grossen Anführer Durruti. Er ist in der Früh an seiner Schussverletzung im Hotel Ritz gestorben. Deine Situation sieht nicht gut aus. Du bist einer der wenigen Zeugen des Attentats, und es gibt Stimmen im anarchistischen Lager, die dich des Tötungsdelikts am Kommandanten beschuldigen. Zudem macht man dir den Vorwurf, deine Stellung verlassen und Befehle missachtet zu haben. Das hatte zur Folge, dass der junge Kamerad Dubois von einem Scharfschützen getötet wurde und gestern die Munitionslieferung für unser Bataillon nicht rechtzeitig eintraf. Wir müssen dich den Anarchisten übergeben, und du wirst einem Tribunal Rechenschaft ablegen müssen.»

Ich verstand die Welt nicht mehr. Ich sollte Durruti ermordet haben? Ich war doch eine seiner Vertrauenspersonen und hatte meine Loyalität zu ihm an der Front in Aragón unter Beweis gestellt. Die zwei anderen vor Ort anwesenden Kameraden könnten doch bezeugen, dass der Vorfall etwa zehn Meter vor uns stattgefunden hatte und keiner von uns daran schuldig gewesen war. Wir hatten ja alle die Waffen geschultert und nicht im Anschlag gehabt. Der Schuss musste aus einer anderen Richtung gekommen sein. Vielleicht war die Kugel von einem in den oberen Geschossen des *Clínicos* verschanzten maurischen Scharfschützen abgefeuert worden. Sogar der Leibwächter von Durruti und dessen Chauffeur waren näher am Ort des Geschehens gewesen und würden doch sicherlich zu meiner Entlastung aussagen können.

Zu jenem Zeitpunkt nützten die Argumente zu meiner Selbstverteidigung nichts. Kahle wollte nichts mit dem Zwischenfall zu tun haben, obwohl wir als seine ihm unterstellten Soldaten Zeugen davon waren. Durrutis Tod ging ihn nichts an. Das war Sache der Anarchisten. Kahle musste mit seinem Bataillon in Madrid Erfolge erzielen, und die konnte es nur unter Einhaltung einer strikten Disziplin, der Aufrechterhaltung der Kampfmoral und einer an die Lage angepassten effektiven militärischen Taktik geben. Die Weltanschauung der Anarchisten war ihm ein Gräuel und unverträglich mit seinen ideologischen Richtlinien, die in den Internationalen Brigaden durch die von der Sowjetunion abgesandten militärischen Kommissare vorgeschrieben wurden.

Etwa eine Stunde später wurde ich mit einem requirierten zivilen Auto, welches die mit weisser Farbe aufgemalten Initialen CNT-FAI trug, in die Innenstadt abgeführt. Wir hielten vor einem Gebäude in der Nähe des Rondells *Alonso Martínez* an, das mich an ein Kloster erinnerte. Später erfuhr ich, dass zahlreiche offizielle Institutionen und Kirchengebäude von politischen Gruppen und Gewerkschaften zu sogenannten Tschekas zweckentfremdet wurden. An jene zu Gefängnissen umgestalteten Orte, ganz nach dem Vorbild der russischen Revolution, wurden Personen überführt, die mit der Unterstützung des Militärputsches in Verbindung gebracht oder als feindliche Spione verdächtigt wurden. Vielmals wurden aber auch nur einfache Kirchenleute, Andersdenkende oder persönliche Rivalen von irgendjemandem verleumdet und in die Kerker eingeliefert. Die republikanische Regierung hatte während den ersten Monaten im Bürgerkrieg kaum die Kontrolle über jene Einrichtungen, die ihre eigenen «Justizsysteme» praktizierten. Dass in den Tschekas auch Foltermethoden angewandt wurden, um die Verdächtigten zu Geständnissen zu bringen, erfuhr ich an meiner eigenen Haut. An jenem Morgen wurde ich der Tscheka *Spartacus* übergeben.

Durrutis sterbliche Überreste wurden in einem Konvoi von Madrid nach Barcelona transportiert. In jedem Dorf auf der Strecke wurde der Trauerzug von Tausenden Bewohnern empfangen und mit Jubel und Akklamation begrüsst. Der Sarg wurde auch bei der späteren Bestattung in Barcelona von einer gewaltigen Volksmasse begleitet. Nie zuvor hatte der

Tod eines politischen Führers eine solch eindrückliche Welle der Anteilnahme im Land ausgelöst. Die Anarchisten hatten einen weiteren Märtyrer. Es herrschte Staatstrauer im republikanischen Teil von Spanien. Aber auch in den anderen Landesteilen, wo der Putsch erfolgreich war, wurde offizielle Trauer auferlegt. Nicht wegen Durruti, sondern wegen des Falangistenführers José Antonio Primo de Rivera, der am Todestag von Durruti in einem Gefängnis von Alicante durch die republikanischen Behörden hingerichtet wurde. Die Gewalt- und Hassspirale drehte sich weiter, angetrieben vom Prinzip «Auge um Auge, Zahn und Zahn».

Ich wurde in einer kalten und dunklen Zelle eingesperrt. Der Boden und die Wände waren feucht und schimmlig. In der Ecke lag ein verfaulter und stinkender Strohsack, auf dem ich mich etwas ausruhen konnte. Ich war hungrig und todmüde, doch die ungerechte Anklage auf Mord und die Ungewissheit über das Bevorstehende beschäftigten mich zu sehr, als dass ich meinen physischen Nöten Aufmerksamkeit hätte schenken können. Ein unbehagliches Gefühl kam in mir auf, und ich befürchtete, dass ich wohl nie jemals wieder lebend aus jenem Verlies rauskommen würde. Einige Stunden später ging die Zellentüre auf, und zwei Milizionäre packten mich schroff und zerrten mich hinaus auf den Gang. Die beiden Wächter schleppten mich in ein Zimmer, das nur gerade mit einem kleinen Holztisch und zwei Stühlen ausgestattet war und durch eine von der Decke an einem Kabel hängende, schwache Glühbirne beleuchtet wurde. Durch ein hochgelagertes kleines Fenster, das mit Gitterstäben gesichert und wahrscheinlich gegen einen Hinterhof gerichtet war, drang ein feiner, mit Staubpartikeln gefüllter Sonnenstrahl ein. Die Luft war stickig, und es roch nach menschlicher Ausdünstung und Urin. Auf dem Boden waren Spuren von aufgewischtem Blut zu erkennen. Mein Herz stockte, und der kalte Schweiss lief mir den Rücken herab, als ein Mann in ziviler Kleidung den Raum betrat. Er gab sich als Anarchosyndikalist zu erkennen, der sich im Namen der CNT-FAI-Organisation um die Deutsch sprechenden Gefangenen «kümmerte». Wie es schien, übte er gleichzeitig auch die Funktion als Kommissar und Richter aus.

«Jobin, unser Gespräch kann schnell gehen, wenn du ein Geständnis ablegst. Ich habe keine Lust, dich hier lange zu vernehmen. Wir haben wichtigere Dinge zu tun, als uns um Verräter zu kümmern. Der faschistische Feind liegt vor Madrid und darf unsere Linien nicht durchbrechen, sonst scheitert unsere Revolution. Unser Kampf in diesem Land ist entscheidend für die Zukunft Europas. Gestehst du, Durruti kaltblütig erschossen zu haben? Wer hat dir den Auftrag für diesen feigen Akt gegeben? Handelst du im Namen des sowjetischen Geheimdienstes NKWD? Ist es Zufall, dass kurz nach der Anlieferung der sowjetischen Militärhilfe die Kommunisten in der republikanischen Regierung an Macht gewonnen haben und beginnen, uns Anarchisten mundtot zu machen? Warum werden die anarchistischen Kolonnen aufgelöst und in den Heereseinheiten militarisiert? Ohne Durruti sind wir eine kopflos und stimmlos gewordene Organisation. Welche Belohnung haben dir die Stalinisten für die Ausführung des Attentats in Aussicht gestellt? Helfen sie dir etwa mit einer Beförderung in einen Brigadestab? Gestehe jetzt, du Verräter, oder ich muss andere Methoden anwenden, um die Wahrheit aus dir herauszupressen!»

«Genosse, wie kann ich eine solche Tat begangen haben? Ich hatte doch keine Motive dazu, Durruti zu ermorden. Im Gegenteil, ich bewunderte diesen Mann. Dass ich ihm in einem Feldspital an der Front in Aragón das Leben gerettet habe, sollte doch genügend beweisen, dass ich Durruti treu war und mich für sein Leben einsetzte. Dafür kann ich auch Zeugen nennen. Ich bin ein einfacher Soldat, der zufälligerweise in diesen Krieg verwickelt wurde. Meine einzige Ambition ist es, mit euch erfolgreich gegen die Faschisten in Spanien zu kämpfen.»

«Du hast dich sehr geschickt und geplant in Durrutis inneren Zirkel eingeschlichen und bist ein Kollaborateur der Kommunistischen Partei. Du hast nur auf den richtigen Augenblick gewartet, um zu handeln. Die Abkommandierung mit dem Munitionsdetachement war eine ideale Gelegenheit, dich von der Truppe zu entfernen. Du wusstest ganz genau, dass Durruti gestern Morgen an die Front fahren würde. Stimmt es, dass du mit Hans Dobler, einem Mitglied der Schweizerischen Kommunistischen Partei, nach Barcelona gefahren bist? Ist Dobler der Vermittlungsmann? Hast du absichtlich keine öffentlichen Verkehrsmittel in Frankreich benutzt, um möglichst anonym zu reisen und kein Aufsehen zu erregen? Jobin, du siehst, wir sind gut informiert und kennen deine Geschichte. Ich könnte noch weitere Tatsachen und Details aufzeigen, die beweisen, dass du keine reine Weste hast und Verbindungen zu Moskau pflegst.»

Nachdem der Ermittler mir seine Anklage an den Kopf geworfen hatte, trat ein gross gewachsener und glatzköpfiger spanischer Milizionär in den Verhörraum ein.

«*¡Dale una paliza!* Erteile ihm eine Lektion!», befahl der Kommissar dem Gehilfen, der keine zwei Sekunden zögerte, mit seinen Fäusten auf mich einzuschlagen.

«Hört auf», schrie ich verzweifelt. «Ich bin unschuldig. Ich habe keinerlei Beziehungen zu den Kommunisten. Bitte hört auf. Das ist alles eine grosse Lüge. Ich bin ein Opfer der Umstände und kann dies bezeugen. Bitte, bitte, Gnade!»

Ich fiel auf den Boden, und der Milizionär fing an, mir mit seinen Kampfstiefeln in den Unterleib zu treten. Blutbeschmiert von den zahlreichen Wunden und gepeinigt von den stechenden Schmerzen, röchelte ich und flehte weinend um Nachsicht.

«¡*Basta ya!* Genug damit!», befahl der Kommissar.

In jenem Moment muss ich das Bewusstsein verloren haben, denn ich kam erst wieder in meiner Zelle zu mir, als mir ein Wächter einen Eimer kaltes Wasser über dem Kopf ausschüttete. Die Platzwunden schmerzten fürchterlich. Es muss bereits Nacht gewesen sein, als die Zellentüre aufging und ich wieder in den Verhörsaal geschleppt wurde. Der deutsche Kommissar sass rauchend am Holztisch und studierte irgendwelche Dokumente. Wieder fing er mit seinen Anschuldigungen an und forderte mich auf, zu sprechen.

«Meine Geduld geht langsam zu Ende, Jobin. Ich will Namen wissen. Namen, Namen, Namen! Wer hat dir den Auftrag gegeben, Durruti zu liquidieren? Gib mir doch verdammte Namen, Mensch! Ist Hans Dobler dein Vermittlungsmann?»

Ich wusste nicht mehr, was ich ihm antworten sollte. Es war zwecklos, zu argumentieren, weil er meine Aussage sowieso nicht wahrnehmen und von mir nur ein erzwungenes und falsches Geständnis erhalten wollte. Schweigend und resigniert starrte ich den Kommissar an. Daraufhin wurde ich mit Handschellen an beiden Handgelenken an ein Abflussrohr gekettet, das etwa auf Mannshöhe horizontal an der Gegenwand zum Fenster verlief. Bevor der Kommissar den Raum verliess, drückte er seine Zigarette auf der linken Brustwarze meines nackten Oberkörpers aus und sagte schroff:

«Wir sprechen uns bald, Jobin.»

Allein, in einer unbequemen Position im Verhörsaal zurückgelassen, zuckte ich zusammen vom Schmerz der Brandwunde. Von den Nebenräumen aus hörte ich dumpfe Schläge und Schreie von anderen Gefangenen. Ich verlor das Zeitgefühl, doch es müssen über zwei Stunden vergangen sein, als der Kommissar und sein Gehilfe wieder in den Raum traten. Sie ketteten mich los, und ich sackte zu Boden, weil ich keine Kraft mehr in meinem Körper spürte. Brutal wurde ich auf den Stuhl gesetzt und, ohne dass der Kommissar mit dem Verhör fortfuhr, von seinem Folterknecht bis zur Bewusstlosigkeit geschlagen. Wiederum erwachte ich erst später in meiner Zelle auf. Eine weitere Tortur würde ich nicht mehr überleben. In der Nacht wurde ich glücklicherweise in Ruhe gelassen. Am frühen Morgen des nächsten Tages öffnete sich ruckartig die Zellentür. Das Herz blieb mir stehen, und erschrocken blickte ich, reglos auf dem Strohsack liegend, auf die eintretende Person. Mühsam versuchte ich, ihn zu fixieren, doch meine Augen waren zu sehr angeschwollen, als dass ich den Milizionär hätte erkennen können. Seine Stimme erkannte ich aber sofort. Es war Fernando, der beauftragt worden war, die verwundeten Gefangenen in der Tscheka medizinisch zu inspizieren. Sofort kümmerte er sich um meine Wunden, reinigte diese so gut wie möglich und desinfizierte die Blutstellen. Er gab mir auch etwas zu essen und frisches Wasser.

«*André, ¿Qué han hecho contigo?* André, was haben sie mit dir gemacht?»

Das Sprechen fiel mir schwer, doch ich versuchte, die Ereignisse der vorherigen Tage möglichst detailliert wiederzugeben. Am Schluss fragte ich ihn verzweifelt:

«*¿Me crees, verdad?* Du glaubst mir doch, oder?»

«*¡Por supuesto que sí!* Selbstverständlich!», antwortete er, ohne zu zögern.

Fernando hatte den schwer verwundeten Durruti im zum Spital umgebauten Hotel Ritz empfangen und ihn, zusammen mit dem Chefarzt des Spitals, Doktor Santamaría, notfallmässig operiert. Es traf ihn sehr, dass sie sein Leben nicht mehr hatten retten können, und er bemerkte resigniert, dass Durrutis Tod ein schwerer Rückschlag für die Anarchisten sei. Ich flehte meinen Freund an, alles daranzusetzen, mich aus diesem Verlies rauszuholen, und schlug ihm vor, den Schweizer Botschafter in Madrid zu kontaktieren. Vielleicht gebe es auch andere Personen, von denen er wisse, dass sie Beziehungen zu Politikern oder Institutionen hätten und die er angehen könne, sich um meinen Fall zu kümmern und mich von den Anarchisten zu befreien. Lange würde ich hier nicht überleben.

«*Haré todo lo que está en mis manos para sacarte de aquí, amigo. Lo que hacen contigo no tiene nada que ver con nuestra lucha e ideas.* – Ich werde alles, was in meiner Macht liegt, daransetzen, dich hier rauszuholen, mein Freund. Was die hier mit dir machen, hat nichts mit unserem Kampf und unseren Idealen zu tun.»

Während der nächsten zwei Tage wurde ich nicht verhört. Obwohl ich immerzu auf die Zellentür fixiert war, weil ich befürchtete, dass diese sich jederzeit wieder öffnen und ich hinausgeschleppt würde, nickte ich teilweise etwas ein. Dann wiederum rissen mich die lauten Vernehmungen und das Schreien der Mitgefangenen nach den rücksichtslosen Prügeln der Folterknechte jeweils ruckartig wieder aus dem Halbschlaf. Mein Puls erhöhte sich jedes Mal, wenn sich Schritte näherten, und er fuhr wieder runter, wenn ich das metallene Türquietschen einer Nachbarzelle vernahm. Nie kehrte aber Ruhe ein in der Anstalt. Dazu gesellten sich die unaufhörlichen und zerstörerischen Detonationen der Bomben, die nachts in unmittelbarer Nähe in der Nachbarschaft einschlugen. Mein ganzer Körper schmerzte, und mein Schlaflager war voll von Läusen, die sich in meinem ganzen Leib und in den Haaren einnisteten und mich unbarmherzig plagten. In unregelmässigen Abständen wurde mir ein Teller mit einem undefinierbaren Brei unter der Türluke zugeschoben. Bevor ich die Mahlzeiten einnahm, musste ich zuerst das Ungeziefer herausklauben, das sich ins Essen eingeschlichen hatte. Die Stunden verflossen in einer unbeschreiblichen und qualvollen Länge, und zunehmend tauchten Zweifel in mir auf, ob Fernando handeln würde und er wirklich auch etwas bewirken könnte, um mich aus jener untröstlichen Situation zu befreien. In der darauffolgenden Nacht wurde ich wieder abgeholt und in einen Duschsaal gebracht. Dort befahl man mir, mich auszuziehen, und ein Wächter begann, mich mit einem Gummischlauch mit kaltem Wasser unter Hochdruck abzuspritzen. Die Prozedur dauerte etwa zehn Minuten, bis der Verhörkommissar mit einer angebrannten Zigarette im Mund in den Saal eintrat. Ich schlotterte am ganzen Körper und vernahm nur einzelne Wörter, als jener wieder mit seiner Litanei anfing:

«Namen, Auftraggeber, Stalin, NKWD, Geständnis, letzte Gelegenheit bis morgen, Urteil.»

Wieder allein in meiner Zelle, fühlte ich mich schrecklich elend. Ich hatte kaum die Kraft, zu weinen, und wimmerte nur vor mich hin. Man hatte mir als Mensch die Würde genommen, und ich stand vor einem schwarzen und dunklen Abgrund. Alle meine Erinnerungen an mein bisheriges Leben schienen in die Ferne gerückt und hatten an Bedeutung verloren. Nichts mehr hätte mich zu jenem Zeitpunkt vor der bevorstehenden Exekution retten können. Ich hatte nicht einmal eine Option. Ein falsches Geständnis oder weiterhin auf meiner Unschuld zu bestehen, wäre in jenem Moment gleichgültig gewesen. Die Konsequenzen wären die gleichen gewesen. Wenn ich schon meinen irdischen Abgang in Spanien hätte wählen können, so lieber doch in einer Schlacht, wie all die Kameraden, die an meiner Seite gefallen waren. Der Tod in der Kampfhandlung hätte wenigstens noch einen gewissen Sinn in jenem unsinnigen Krieg gehabt. Doch qualvoll durch Folterungen in einem Gefängnis zu krepieren oder von den eigenen Waffenbrüdern als Verräter hingerichtet zu werden, wäre meiner nicht würdig gewesen. Selbst in jenen schrecklichen Momenten dachte ich nicht an Gott, weil ich nie an einen solchen geglaubt hatte. Wenn es einen Gott gegeben hätte, würde der solche Grausamkeiten auf Erden, wie ich sie erlebte, nicht zugelassen haben. Ich schloss innerlich mit einer ungerechten Welt ab und erinnerte mich fortwährend an meine Mutter. Hoffentlich würde sie nie erfahren, was mit mir hier geschah.

Unerwartet wendete sich jedoch das Blatt zu meinen Gunsten. Am nächsten Tag wurde ich in aller Früh abgeholt. Ich hatte keinen Augenblick geschlafen und war tief in meinen Todesgedanken versunken, als sich die Zellentüre öffnete. Man führte mich wieder in das Verhörzimmer, und anstelle des deutschen Kommissars fand ich Otto Brunner im Raum. Denjenigen Schweizer, den ich an der Aragón-Front bei Bujaraloz kennengelernt hatte und der später zum Kommandanten des Bataillons Tschapajew befördert würde. Er kam ein paar Tage vorher von Albacete an die Madrider Front und kümmerte sich als politischer Kommissar um die Waffenlieferungen aus der Sowjetunion. Brunner war ein grosser und robust geformter Mann, der durch seinen energischen Blick eine eiserne Willenskraft ausdrückte und den nichts so schnell einschüchtern konnte. Doch als er mich in meinem jämmerlichen Zustand sah, war er sichtlich bekümmert.

«Jobin, ich wurde vom Chefarzt des Spitals der Anarchisten kontaktiert. Die Ärzte konnten anhand des Operationsverlaufs nachweisen, dass die Kugel, die Durruti tötete, nicht aus Distanz, sondern aus unmittelbarer Nähe abgeschossen wurde. Man vermutet, dass es sich um einen Selbstunfall handelte und sich der tödliche Schuss löste, als er mit seiner ungesicherten Maschinenpistole ins Auto steigen wollte. Die Verteidigungsjunta von Madrid hat einen juristischen Ausschuss beordert, alle Zeugen, die am Tatort anwesend waren, noch einmal zu befragen und den Tathergang akribisch zu rekonstruieren. Deine Aussagen werden wohl auch in ihren Bericht aufgenommen werden. Leider dient jedoch ein Unglücksfall den Anarchisten zum jetzigen Zeitpunkt nicht ihrer Propaganda. Ein charismatischer Führer wie Durruti darf nicht einfach durch einen dummen Fehler von der Bildfläche verschwinden. Diesen Tathergang würden die gegnerischen Parteien ausnützen und als Schwäche darstellen, und wahrscheinlich würde die Figur von Durruti damit auch ins Lächerliche gezogen. Also muss man entweder den Faschisten oder den Kommunisten seinen Tod in die Schuhe schieben. Am besten gleich beiden Parteien, und man lässt die Sache mit einer Verschwörungstheorie im Nebel stehen. Jobin, du bist ungewollt ein Bauernopfer höherer politischer Spiele geworden. Ich habe mit den Anarchisten verhandelt und bringe dich hier raus. Die Wahrheit darf aber auf keinen Fall ans Licht der Öffentlichkeit gelangen. Die offizielle Version von Durrutis Tod ist Mord.»

Ich wusste nicht, wie reagieren. Auf der einen Seite war ich von der unmittelbaren Todeslast befreit und war meinem Retter natürlich dankbar für seine Intervention. Andererseits fragte ich mich jedoch, warum sich Brunner wohl bemühte, mich aus der Tscheka zu holen, was er mit den Verhandlungen meinte und welchen Preis er für meinen Freikauf bezahlt hatte. Würde das politische Spiel nun weitergehen und würde ich wiederum dazu missbraucht werden?

«Du gehst dich nun mal für ein paar Tage kurieren, Jobin. Nachher sehen wir weiter, wie und wo du eingesetzt wirst.»

Er winkte einem Soldaten, der an der Türe des Verhörsaals wartete. Dieser half mir, die Treppen aus dem Verlies hochzusteigen, und obwohl mich alle Glieder schmerzten, genoss ich draussen für einen kurzen Moment die kalte Brise, die mir ins Gesicht wehte. Ein vor dem Gebäude geparkter Wagen fuhr uns in eine konfiszierte Nobelvilla in einem nördlichen Vorort von Madrid. Hinter mir im Morgennebel liess ich das fürchterliche Foltergefängnis zurück.

Die Lage um Madrid hatte sich in der Zwischenzeit stabilisiert. Die Franco-Truppen konnten die Hauptstadt nicht einnehmen und wurden zurückgedrängt. Die Artillerie- und Flugzeugbombardements gingen jedoch weiter, doch die Bevölkerung hielt durch. Die Republik war aber vorerst gerettet. Alternative Kampfstrategien auf beiden Seiten kamen zur Anwendung. Die republikanische Armee, die sich mittlerweile neu und besser organisierte, war in der Lage, mit modernerem sowjetischem Kriegsmaterial, wie etwa T-26-Panzern, an verschiedenen Kriegsschauplätzen im Land in Teruel oder Andalusien nun auch offensiv vorzugehen. Die Franquisten sahen ein, dass ein Frontalangriff auf die Hauptstadt nutzlos wäre und zu grosse Opfer abverlangen würde. Darum konzentrierten sie ihre Truppen für Offensiven im Norden von Spanien und bereiteten sich vor, Madrid grossräumiger von der Valencia-Aragón-Achse abzuschneiden.

Dezember 1936
Es war mittlerweile Dezember, und ich konnte mich während ein paar Wochen auf dem Moraleja-Landgut ausruhen und durch Sanitätspersonal pflegen lassen. Ich hatte auch wieder ein wenig an Gewicht zugenommen und versuchte, die vergangenen schrecklichen Tage der Gefechte und der Folter zu verarbeiten. Ich dachte an die kommende Weihnachtszeit, die

ich wohl nicht in gewohntem friedlichem Umfeld verbringen würde. Wie hatte sich doch mein Leben in jenem Jahr verändert! Unverhofft, an einem kühlen Morgen, als ich mir gerade eine Zigarette mit Reispapier und Schnitttabak drehte, fuhr ein schwarzer Renault in die Parzelle ein und hielt vor dem Haupteingang der Villa. Aus der Hintertür des Wagens stieg mein Weggefährte Hans Dobler aus. Ich sah ihn verwundert an, weil ich Hans in jenem Moment ganz und gar nicht erwartet hätte. Die Verwunderung war nicht gegenseitig. Im Gegenteil, Hans wusste, dass ich hier zu finden war, und nach einer kurzen Begrüssung und ein paar Fragen zu meinem Gesundheitszustand kam er direkt zur Sache:

«André, du weisst, dass ich Mitglied der Schweizerischen Kommunistischen Partei bin. Das ist auch der Grund, warum ich im Juli vom Anarchisten-Hauptquartier in Barcelona bei Nacht und Nebel geflüchtet bin. Ich hatte dich in meine Angelegenheiten und Entscheidungen nicht involvieren wollen, und daher habe ich dir auch keine Nachricht über meinen Verbleib hinterlassen. Ich wusste, dass sich die Feindseligkeiten zwischen den Trotzkisten und den Stalinisten zuspitzen würden. Diese trauten einander nicht mehr über den Weg. Ich habe danach Spanien verlassen, um zuerst wieder in der Schweiz und nachher in Paris in geheimer Mission der Komintern Brigadisten zu rekrutieren und nach Spanien zu schaffen. Die Internationalen Brigaden XI, XII und XIII sind organisiert und bereits an mehreren Fronten im Einsatz. Die Brigaden XIV La Marseillaise und XV Abraham Lincoln werden demnächst gegründet. Die Waffen- und Kriegsmateriallieferungen sind im Gange, aber noch nicht ausreichend. Die Republik braucht mehr Panzer, Kampfflugzeuge, Truppentransporte, aber auch Fliegerabwehrkanonen. In dieser Mission bin ich hier, André. Otto Brunner hat mich beauftragt, zusammen mit dir und dem sowjetischen Nachrichtendienst eine Waffenlieferung aus der Schweiz zu kontrollieren und abzuwickeln. Viel mehr kann ich dir dazu jetzt noch nicht sagen, aber wir fahren heute noch nach Valencia.»

Wieder überstürzten sich die Ereignisse, und ich wurde in den Bann von Kräften gezogen, die ich nicht beeinflussen konnte. Mir blieb keine andere Wahl, als mich Hans anzuschliessen und ihm in jener geheimen Mission in die Hafenstadt am Mittelmeer zu folgen. In die Schweiz zurückzukehren, wäre zu riskant gewesen. Ich hätte den Rückweg allein auf Umwegen und Schleichpfaden, weder mit Dokumenten noch mit Geld ausgestattet, wählen müssen. Dafür wäre ich in jenem Moment nicht vorbereitet gewesen, und ich war noch viel zu schwächlich, um solche Strapazen auf mich zu nehmen. Zudem hätten mich die Behörden in der Schweiz sicherlich nicht mit offenen Armen empfangen. Im Gegenteil, wahrscheinlich wäre ich unmittelbar beim Grenzübertritt verhaftet und in Gewahrsam genommen worden.

Zusammen mit zwei Soldaten brachen wir noch am gleichen Abend auf. Die Reise der ungefähr dreihundertfünfzig Kilometer dauerte die ganze Nacht. Die Strassen wurden von einem fahlen Mond beleuchtet, und wir fuhren ohne Scheinwerferlicht, um uns vor möglichen Fliegerangriffen zu schützen. Alle fünfzig Kilometer wurden wir von einem Sicherheitsposten der republikanischen Armee angehalten und mussten unsere Dokumentation vorweisen. Ich nahm es Hans nicht übel, dass er mich damals in Barcelona verlassen hatte. Die Gründe waren nachvollziehbar. Die Rivalitäten zwischen den extremen Linksgruppierungen spitzten sich mit zunehmendem Einfluss der Sowjetunion im Land zu. Während der ganzen Reise sprachen wir ausgedehnt über unsere Zeit in Spanien. Hans gab mir einen Überblick über das politische Umfeld in Europa und erklärte mir, dass der internationale Nichtinterventionspakt eine Farce sei, und wetterte gegen die feige Haltung von Grossbritannien und Frankreich gegenüber Hitler und Mussolini. Aber auch die Haltung der offiziellen Schweiz im Konflikt kritisierte er scharf.

«Die Sympathie des einflussreichen und katholischen Vorstehers des Politischen Departements, Giuseppe Motta, für das Franco-Regime ist offensichtlich», meinte Hans und fuhr fort:

«Drei Spanienkämpfer wurden vor ein paar Tagen von einem Divisionsgericht zu Gefängnisstrafen verurteilt. Ebenfalls wurde unser Verbindungsmann zu den freiwilligen Kämpfern, Adamo Zanelli, in Basel inhaftiert. Die Schweizer Regierung kämpft mit allen Mitteln gegen die Unterstützung der, wie sie sagen, ‹roten Republik› und setzt alles daran, die guten diplomatischen Beziehungen mit den zwei faschistischen Nachbarländern nicht zu beeinträchtigen.»

Nach der langen Fahrt in Valencia angekommen, stiegen wir in einem schäbigen Hotel ab und schliefen durch bis am Nachmittag. In den folgenden Tagen gab es nichts zu tun. Wir warteten auf Befehle und konnten uns, weit weg von der Front, ausruhen und etwas vergnügen. Tatsächlich herrschte in der Hafenstadt, die der republikanischen Regierung zu jener Zeit Asyl bot, eine friedliche Atmosphäre. Nicht zu vergleichen mit derjenigen in Madrid. Es war kaum zu glauben, dass wir uns im Kriegszustand befanden. Die Leute gingen ihren täglichen Geschäften nach, die Beamten und Büroangestellten traten gut gekleidet ihre morgendliche Arbeit an, die Kaffeehäuser waren voll besetzt, in den Bodegas wurde Wein ausgeschenkt, und auf den Strassen herrschte reger Verkehr. Obwohl der Winter nahte, war die Lufttemperatur lau und angenehm. Spatzen zwitscherten aufgeregt in den Palmbäumen. Hie und da hörte man ein Akkordeon oder ein Gitarrenspiel aus einem Lokal, und Gruppen von Burschen stimmten fröhliche Lieder an. Auch die elegant gekleideten Leute und die vielen hübschen Mädchen, die kichernd zu dritt oder zu viert, Arm in Arm ineinander verhängt, am späten Nachmittag durch die Gran Vía schlenderten, gaben der Stadt eine ausgelassene Ambiance. Zum ersten Mal seit langer Zeit verspürte ich wieder Lust, mit einer jener jungen Frauen zusammen zu sein.

So verging der ganze Monat Dezember bis zu Weihnachten. Hans erkundigte sich mittels seiner Leute, ob wir bald zum Einsatz kommen würden, aber es schien, als wüsste niemand etwas Genaueres von unserem Auftrag. Auch die zwei Weihnachtstage verbrachten wir ohne nennenswerte Aktivitäten im Hotel. Am Heiligabend kauften wir uns eine Flasche roten Landwein, assen Käse mit Brot und rauchten eine Zigarette nach der anderen. Silvester und die ersten Tage im neuen Jahr verliefen im selben Rahmen, und die untätige Warterei machte uns ungeduldig, wohl wissend, dass der Krieg in anderen Landesteilen wütete und sich die Republik in einer heiklen Lage befand.

Januar 1937
Endlich, am 7. Januar, einen Tag nach dem Dreikönigstag, der ein wichtiger Festtag in Spanien ist und die Weihnachtszeit offiziell beendet, erhielten wir eine Nachricht von der sowjetischen Botschaft in Valencia. Wir begaben uns unmittelbar danach in das Gebäude der Landesvertretung und trafen einen diplomatischen Mitarbeiter, der sich als Antonio Spina ausgab und fliessend Deutsch mit einem russischen Akzent sprach.

«Ihr seid von Otto Brunner für diese Mission empfohlen worden, und wir zählen auf eure Loyalität und absolute Diskretion in dieser heiklen Angelegenheit. Wir kennen eure militärischen und persönlichen Hintergründe und sind überzeugt, dass ihr gute Arbeit leisten werdet. Jobin, du hast uns Durruti vom Hals geschafft, und die Parteizentrale in Moskau weiss diese Heldentat zu schätzen.»

Mir wurde unwohl, als ich dies hörte, doch ich schwieg, und Hans vermied jeglichen Blickkontakt mit mir, um keinen falschen Verdacht zu erwecken, dass er die wahren Gegebenheiten von Durrutis Tod kannte. Spina fuhr fort:

«Wir erwarten in ungefähr einer Woche eine Ladung von Kriegsmaterial im Hafen von Valencia, die via verschiedener Vertriebskanäle von einer Waffenfabrik aus der Schweiz geliefert wird. Es handelt sich um fünfzig 20-mm-Oerlikon-Kanonen mit der entsprechenden Munition dazu. Diese Ladung muss bei der Löschung der Fracht kontrolliert und bezahlt werden. Die Sowjetunion darf offiziell gegen aussen nicht in diese Transaktion involviert sein, weil sie ja auch den internationalen Nichtinterventionspakt unterzeichnet hat. Die Oerlikon-Bührle-Flugabwehrkanonen sollen zur Luft- und Objektverteidigung des republikanischen Heeres in den Einsatz kommen. Gemäss unserem Geheimdienst plant die Franco-Armee nächstens eine Grossoffensive beim Fluss Jarama in der Nähe von Arganda del Rey, um die Hauptstrasse von Valencia nach Madrid unter Kontrolle zu bringen und die Hauptstadt weiter zu isolieren.»

Als Hans und ich wieder unter uns im Hotelzimmer waren, offenbarte ich ihm, dass mir dieser Spina nicht geheuer sei und ich der ganzen Sache nicht über den Weg trauen würde. Warum wollten die Russen gerade uns in diesen Handel miteinbeziehen? Warum kümmerte sich nicht das spanische Kriegsministerium in Valencia um die Waffenlieferung? Warum hatte Spina uns wohl in so vertrauliche Geheimdienstinformationen eingeweiht? Hans zollte meinen Bedenken keine grosse

Achtung und erwiderte, dass dies schon korrekt ablaufen werde.

«Spina ist schliesslich von der Partei, und denen kann man trauen», fügte er mit einem gewissen Vorwurf gegenüber meiner Skepsis an.

In den darauffolgenden Tagen planten wir unseren Auftrag methodisch. Wir erhielten jede Menge Dokumentationen, mit denen wir uns informierten, wie sich die einzelnen Kanonen zusammensetzten, welche Waffenteile sich in den Ladekisten befanden und welche Munitionsteile mitgeliefert würden. Die technische Inventarliste war fein säuberlich katalogisiert und in unseren drei Landessprachen betitelt und beschrieben. Ich trug den Sollbestand in ein Buchhaltungsheft ein. Am Morgen jenes Tages, als das Schiff im Hafen von Valencia einlief, beorderte man uns in das schwer bewachte Gebäude des Kriegsministeriums. Zusammen mit einem Wachsoldaten warteten wir in einem dunklen Raum im Kellergeschoss. Danach trat ein Offizier mit zwei Ordonnanzen in das Zimmer ein, die vier Holzkisten mitschleppten und eine nach der anderen auf den in der Mitte des Raumes stehenden Tisch stellten.

«*Este es el precio de la carga que ha llegado hoy a Valencia. Según lo acordado con los soviéticos pagamos en oro. El oro del Banco de España recién traído de Cartagena.* – Das ist der Preis für die Ladung, die heute in Valencia angekommen ist. Wie wir mit den Sowjets abgemacht haben, bezahlen wir mit dem Nationalbankgold, welches vor Kurzem via Cartagena hierhergebracht worden ist.»

Ein Chauffeur und ein Korporal fuhren uns nachher in einem Militärjeep Richtung Hafen. Zuerst machten wir jedoch noch einen kleinen Umweg zur sowjetischen Botschaft, wo die Goldkisten gegen Quittung abgegeben wurden. Nachher gingen wir weiter zu einem Seitenbecken im Hafenareal, vor dem sich ein breiter Löschplatz für grosse Handelsschiffe befand. Die ganze Zone war schwer bewacht, und es standen ein Dutzend Lastwagen vor Ort, die für den Abtransport der Fracht bereitstanden. Auch Spina war am Platz, und das erwartete, unter finnischer Flagge fahrende Handelsschiff hatte bereits angelegt. Die gesamte Operation war bis ins letzte Detail vom sowjetischen Geheimdienst NKWD geplant, damit das Schiff nicht den Anschein erweckte, militärische Fracht zu transportieren und somit gegen den Nichtinterventionspakt zu verstossen und potenzielles Ziel von feindlichen Unterseeboottorpedos zu werden. Auf einem schmalen Steg begaben wir uns auf die Brücke des Schiffs und wurden dem Kapitän vorgestellt. In der Führungskabine lagen die Klarierungspapiere bereit. Die Dokumente waren vom französischen Staat ausgestellt, und die Fracht, klassifiziert als Werkzeugmaschinen mit Ersatzteilen, war offiziell für den Transport von Marseille in den Hafen von Veracruz im Golf von Mexico bestimmt. Der Auftraggeber für den Transport war eine französische Handelsgesellschaft mit dem Namen *Société Française des Transports Aériens SFTA* mit Sitz in Paris. Ich fragte Spina, wie denn die Ladung aus der Schweiz nach Marseille gekommen sei.

«Mit vier ausgedienten Swissair-Flugzeugen, die an die spanische Regierung verkauft worden waren. Da diese Transaktion jedoch nicht direkt zwischen der Schweiz und Spanien stattfinden konnte, verkaufte die Fluggesellschaft ihre alten Maschinen formell an die Air France. Die militärische Fracht wurde in Zürich in die Swissair-Flugzeuge geladen und von Schweizer Piloten nach Paris auf den Flugplatz Le Bourget transportiert. Dort übernahmen spanische Flugkapitäne die Maschinen und flogen mit der Ladung weiter nach Marseille, wo die Lieferung auf den finnischen Frachter verladen wurde.

Die Swissair-Flugzeuge reisten nachher weiter nach Spanien.»

«Warum konnten die Flugzeuge die Kanonen nicht direkt nach Spanien transportieren?», fragte ich Spina etwas naiv.

«Das wäre durchaus möglich gewesen», antwortete Spina und fuhr fort:

«Doch wir durften keinen Verdacht erwecken, dass es sich um Waffenlieferungen an die Republik handelte, und erst noch mit Flugzeugen aus der neutralen Schweiz. Sobald die Ladung hier kontrolliert und gelöscht ist, werden wir unserem Vermittlungsmann in Zürich, dem renommierten Anwalt Wladimir Rosenbaum, den Auftrag geben, sowohl Swissair als auch Bührle zu bezahlen. Im Namen der Handelsgesellschaft *SFTA*, die vorher wiederum mit bar einbezahltem Aktienkapital von den sowjetischen stillen Teilhabern finanziert wurde. Am Schluss bezahlt jedoch die spanische Republik das Geschäft. Den Betrag dafür haben wir hier in Valencia von der Regierung einkassiert, und das Gold wird demnächst nach Moskau verschickt. Eine weitere Waffenlieferung ist bereits unterwegs, und wir werden nächste Woche auch Artilleriekanonen aus Litauen erhalten.»

Hans und ich machten uns daran, die Kisten im Frachtraum zu kontrollieren und nachher zum Löschen freizugeben. Wir brauchten volle drei Tage und Nächte, um unsere Arbeit zu erledigen.

«Alles stimmt, Hans. Fünfzig komplett ausgerüstete Kanonen und zwei Millionen Geschosse 20-mm-Kaliber, abgepackt in zweitausend Munitionskisten zu tausend Geschossen pro Kiste und verladen auf fünfzig Paletten. Du kannst Spina Meldung erstatten.»

Jener war aber nicht mehr vor Ort, und wir beschlossen, uns zuerst in unser Hotel zu begeben, um uns auszuruhen.

Spina würden wir nachher kontaktieren. Ich forderte Hans auf, schon mal vorauszugehen, während ich die Belegzettel unterschreiben und ihm dann nachkommen würde. Hans verschwand auf die Ladebrücke, und ich machte mich daran, die Inventarseiten des Buchhaltungsprotokolls mit Namen, Ort und Datum zu visieren. Nach getaner Arbeit übergab ich die Dokumente zusammen mit den Klarierungszertifikaten einem Offizier und drehte mir eine Zigarette, die ich dann, genüsslich an die Reling gelehnt, auf dem Deck rauchte und dabei die zischenden kleinen Wellen betrachtete, die gegen die Bordwand klatschten.

«Was nun jetzt?», murmelte ich still in mich hinein.

Wieder einmal hatte ich das Gefühl, dass ich unmittelbar vor einem Ereignis stand, welches den weiteren Verlauf meiner Lebensgeschichte prägend beeinflussen würde.

So war es auch. Ich ging zu Fuss den Weg zurück zu unserem Hotel, und als ich am Empfang ankam, war ich etwas erstaunt, dass der Concierge, der normalerweise Tag und Nacht in der Lobby stand, nicht dort war. Auch die anderen Gäste, mit denen ich mich hie und da im kleinen Foyer des Hotels kreuzte, waren abwesend. Der Zimmerschlüssel hing nicht am Anschlagbrett hinter der Rezeption, und ich folgerte, dass Hans im Zimmer oben war. Nichts ahnend stieg ich die Treppe hinauf in den ersten Stock, wo sich am Ende des Korridors unser Doppelzimmer befand. Die Türe war leicht geöffnet, und ich stiess sie auf.

«Hans, bist du hier?»

Durch ein schwer verständliches Röcheln hinter dem Bett machte sich Hans bemerkbar. Als ich mich näherte, erblickte ich ihn am Boden liegend in einer Blutlache, die unter seinem Kopf hervorquoll. Ich kniete zu ihm nieder und fragte verzweifelt, was sie mit ihm getan hätten. Hans war kaum noch in der Lage, zu sprechen, und er gab nur schwer verständliche Silben von sich:

«Die wol-len kei-ne Zeu-gen ... Spina ... NKWD ... flieh, André!»

Das waren seine letzten Worte. Hans' Leben erlosch einige Augenblicke später. Mir wurde schlagartig bewusst, dass ich mich in Todesgefahr befand. Der sowjetische Geheimdienst würde auch mich eliminieren wollen und dafür sorgen, dass keine republikanische Instanz unseren Tod ermitteln würde. Jetzt war mir auf einmal klar, warum wir zwei Ausländer und nicht Spanier in jene Handelstransaktion involviert wurden. Die Ausschaltung von einheimischen Zeugen hätte für alle Beteiligten unangenehme politische Konsequenzen haben können. Ich packte eilends meine wenigen Habseligkeiten und ein paar persönliche Objekte von Hans Dobler ein und verliess das Hotel fluchtartig. Instinktiv wollte ich zurück zum Hafen, um ein Schiff zu besteigen, das mich aus dem Land herausbringen würde. Mich jedoch in jenem Moment dem Hafen zu nähern, war zu gefährlich. Das ganze Hafenareal war von Militärs umstellt, und die Russen würden mich sicher dort zuerst suchen. Auch den Bahnhof wollte ich vermeiden, weil Zughaltestellen immer neuralgische Orte darstellen, wo Flüchtige zuerst zu finden sind. Ich hatte auch nicht viel Geld bei mir, und der Gedanke kam in mir auf, die Schweizer Vertretung in Valencia aufzusuchen. Doch würde diese mir helfen? Ich war ja in verbotener Mission hier in Spanien. Wusste Otto Brunner, in welche Angelegenheit er uns verwickelt hatte? War er sich über die Konsequenzen bewusst? Nach langem Hin und Her kam ich zum Schluss, dass er zu jenem Zeitpunkt die einzige Person war, an die ich mich wenden und die mich vor dem kommunistischen Geheimdienst schützen könnte. Brunner war in der Zwischenzeit zum Kommandanten des Tschapajew-Bataillons der XIII. Internationalen Brigade befördert worden und im Ausbildungslager in Albacete stationiert. Ich musste auf schnellstem Weg dorthin, bevor die spanische Polizei Hans ermordet finden und nach mir fahnden würde. Als der verschwundene Zimmergenosse von Hans würde ich sicher der Hauptverdächtige sein. Schon wieder ...

Ich versteckte mich bei El Saler, in einem südlich von Valencia gelegenen Dorf, und wartete, bis es dunkel wurde. Dann begab ich mich auf der Überlandstrasse Richtung Albacete. Die im Innenland, in der Mancha liegende Provinzstadt ist ungefähr einhundertsiebzig Kilometer südwestlich von Valencia entfernt. Ich marschierte die ganze Nacht durch. Hie und da ruhte ich mich in einem Orangenhain aus und ernährte mich von den köstlichen Früchten. Bei Tagesanbruch schlief ich ein paar Stunden in einem sicheren Versteck. Die Temperaturen waren nun auch fühlbar tiefer als an der Küste. Ich wollte so bald wie möglich an meinem Ziel ankommen. Zwischen Alcalá del Júcar und Villavaliente nahm mich ein Bauer auf seine Karre, aber sonst vermied ich den Kontakt mit den Dorfbewohnern. Stets war ich auf der Lauer, von Kontrollposten angehalten zu werden, und ich umging diese jeweils grossräumig. Das Bild vom toten Hans ging mir nicht aus meinem Gedächtnis. Jener Krieg, wie wohl jeder bewaffnete Machtkonflikt in der Geschichte der Menschheit, kannte keine moralischen Grenzen, und alle Mittel waren recht, den Zweck zu erfüllen. Hans wurde von seinen eigenen ideologischen Verbündeten in einer schmutzigen Operation niedergestreckt, in der alle involvierten Parteien in jenem Waffengeschäft, vom Fabrikanten über die verschiedenen Transporteure, vom Investor bis zum Endabnehmer, profitierten und sich die Hände reinwuschen. Nach drei Tagen kam ich erschöpft in Albacete an, musste aber noch etwa dreissig Kilometer ins nördlich gelegene Madrigueras weitermarschieren, wo Otto Brunner stationiert war.

Otto war nicht erstaunt, als ich mich bei ihm meldete. Er hatte geahnt, dass ich früher oder später auftauchen würde. Natürlich war er auch bis ins letzte Detail über die Vorkommnisse in Valencia informiert. Brunner war ein überzeugter Kommunist und hatte eine lange Vorgeschichte, in der er seine ideologischen Überzeugungen konkret in Taten umgesetzt hatte. In den vergangenen Jahren war er Anführer von zahlreichen Streiks und Fabrikunruhen in der Schweiz gewesen. Er hatte das Vertrauen der Komintern, und es war naheliegend, dass er so schnell bei den Internationalen Brigaden zu einem wichtigen militärischen Rang aufgestiegen war.

«Hier bist du sicher, André. Der NKWD wird dich in Ruhe lassen. Du hast immer noch Kredit wegen Durruti bei Orlow, dem Leiter der sowjetischen Geheimpolizei in Spanien. Auch die republikanischen Behörden werden den Fall Dobler archivieren.»

Ich konnte meinen Unmut über den Mord an Hans jedoch nicht unterdrücken und antwortete Brunner gereizt:

«Du wusstest von Anfang an, dass wir uns bei diesem Manöver in Gefahr bringen würden, Otto, und dir ist es scheissegal, ob einer deiner Soldaten geopfert wird. Ihr habt keine Spur von Menschlichkeit in euch und seid geblendet von eurer verdammten Ideologie. Hans war unser Landsmann und ein guter Kamerad.»

«Lass mal gut sein, André. Du bist übermüdet und von den Ereignissen überfordert. Ich verstehe dich ja, und vielleicht sehe ich das Ganze aus meiner Perspektive etwas anders. Du weisst nicht, mit welchem Feind wir es zu tun haben. Die Faschisten haben sich im Auftrag der Grosskapitalisten miteinander verbündet und sind hartgesottene und mächtige Gegner. Wenn wir jetzt nicht alles dransetzen, den Vormarsch von Franco zu stoppen, werden auch Hitler und Mussolini Europa beherrschen und vielleicht bald auch die ganze Welt unterjochen. Wir als Einzelpersonen sind in diesem Kampf bedeutungslos. Was zählt, ist das übergeordnete Ganze, das Kollektiv mit dem Endziel der Gleichschaltung des Denkens und der Ausbreitung des Kommunismus auf der ganzen Welt, damit es keine Klassenunterschiede mehr gibt. Hans ist als Held im Kampf gegen den Faschismus gefallen. So wird das auch bei unseren Leuten in der Schweiz verkündet.»

Brunners Worte waren nichts als Lug, Betrug, Manipulation und Zynismus. Solche Leute wollten eine bessere Welt schaffen? Das passte nicht zusammen, dachte ich bei mir, doch ich äusserte meine Gedanken nicht laut.

«Jobin», sagte Brunner in einem etwas forscheren militärischen Ton, «ich werde dich in das André-Marty-Bataillon einteilen lassen. Dort kannst du als Infanterist mit Fronterfahrung die besten Dienste für die Republik leisten. In diesem Bataillon sind auch zahlreiche Schweizer eingeteilt. Du wirst gleich morgen mit dem Ausbildungsdienst beginnen. In etwa zwei Wochen wird die Einheit eingesetzt.»

Februar 1937
Die Ausbildung in Albacete dauerte jedoch keine fünf Tage. Unerwartet wurde unser Bataillon in einer fürchterlichen Feuertaufe am Jarama, unweit von Madrid, in die Schlacht geworfen. Nachdem die Franco-Truppen die Hauptstadt in drei frontalen Angriffen während des Jahres 1936 erfolglos angegriffen hatten und diese nicht einnehmen konnten, zogen sich die Einheiten des Afrika-Heeres im Frühling des darauffolgenden Jahres im Jarama-Tal zusammen. Die militärische Absicht der Franquisten war, die Zufahrtswege östlich der Hauptstadt von Valencia her zu unterbinden, damit Ma-

drid von jeglicher Versorgung vom Mittelmeer her abgeschnitten wäre. Die Schlacht am Jarama dauerte während des ganzen Monats Februar an und war das erste moderne Gefecht im Krieg, in dem eine grosse Anzahl neuer Waffen zum Einsatz kam und sich die Truppen auf beiden Seiten taktisch koordinierte Gefechte mit den verschiedenen Waffengattungen lieferten. Am Jarama gab es drei strategisch wichtige Brücken zu verteidigen: die Brücke bei San Martín de la Vega, die *Pindoque*-Brücke und die Eisenbrücke bei Arganda. Unsere Einheit war mit der Sicherung der zwischen San Martín de la Vega und Rivas-Vaciamadrid gelegenen *Pindoque*-Eisenbahnbrücke beauftragt worden.

Kaum im Kampfraum angekommen und mit geringer Kenntnis des Geländes und der gegnerischen Positionen wurden wir in der Nacht vom 11. Februar in einem hinterhältigen Handstreich von Soldaten eines marokkanischen *tabor* (das sind drei Kompanien) überfallen. Die feindlichen Soldaten drangen unbemerkt in unsere Reihen ein und schnitten den französischen Wachsoldaten die Kehle durch, ohne dabei die geringste Aufmerksamkeit zu erregen. Sobald die Wachposten beseitigt waren, überquerte die gegnerische Kavallerie in einem Sturmangriff die Brücke und drang in unsere Linien ein. Etwas oberhalb des Brückenkopfes war mein MG-Trupp positioniert, und wir begannen, die Angreifer mit Salven zu bestreuen. Doch bereits nach einer halben Stunde wurden wir von feindlichen Granatwerfern geortet und unter Beschuss genommen. Wir mussten unsere Positionen verlassen und mit dem schweren MG-Gestell und den Munitionsgürteln in die Rückstellungen ausweichen. Etliche Kameraden fielen bei jenem Angriff oder blieben schwer verletzt liegen. Die unter Beschuss stehenden Sanitäter kamen kaum nach, die Verletzten abzutransportieren. Ich wurde Zeuge von schrecklichen

Szenen. Verwundete Soldaten mit abgeschossenen Armen und Männer mit aufgeplatzten Hirnhälften bedeckten den Kampfplatz. Dunkle Rauchschwaden verhüllten das Schlachtfeld nach den Granateinschlägen. Es roch nach faulem Fleisch und Verwesung. Das konstante Rattern von Maschinengewehren und die Explosionen waren ohrenbetäubend. Der höllische Lärm verhinderte die Kommunikation zwischen uns, und der Rückzug erfolgte auf eine unkoordinierte Art und Weise. Auch in der Rückstellung wurden wir bald wieder unter Mörserfeuer genommen und mussten diese Position blindlings wieder verlassen. Zusammen mit einem belgischen Kameraden rannte ich in Richtung eines Olivenhains, als ein donnernder und wuchtiger Knall die Atmosphäre zum Verstummen brachte. Ich drehte mich um und sah, wie die Brücke in einem letzten Verzweiflungsakt durch unsere Truppen gesprengt wurde. Eine dicke Rauchdecke breitete sich über den Fluss aus, und als sich diese einige Minuten später verflüchtigte, bemerkte ich, dass sich das Eisenkonstrukt zwar von den Betonpfeilern gelöst hatte, sich aber nach der Detonation wieder in die gleiche Position zurücklegte und darum für den Feind immer noch passierbar war. Wir verschoben uns weiter hügelaufwärts. In der Zwischenzeit hatten sich unsere beiden Bataillone Garibaldi und Dombrowski mit ihren T-26-Panzern in die Schlacht eingemischt und schwächten so die Intensität des Angriffs gegen den Mittag ab. Für mich kam jener Einsatz zu spät. Eine Artilleriegranate schlug unweit von mir ein, und ich verlor auf der Stelle das Bewusstsein. Dies war das Ende meines kurzen Kampfeinsatzes am Jarama.

Die Jarama-Schlacht brachte für keine der Kriegsparteien den erwünschten militärischen Erfolg, obwohl dieser natürlich sowohl von der republikanischen als auch von der Franco-Seite propagiert wurde. Die Franquisten waren nicht in der Lage, die Madrid-Valencia-Achse zu unterbinden und damit die Hauptstadt zu isolieren, und die Republikaner wiederum konnten ihren Gegner nicht dermassen schwächen und dezimieren, sodass dieser weiterhin fähig war, den Krieg fortzuführen.

März 1937
Bereits am 8. März 1937 bahnte sich ein weiterer Angriff im Nordosten von Madrid unter der Führung der italienischen Mussolini-Truppen an. Die Schlacht von Guadalajara war der zweitletzte Versuch, die Metropole in die Knie zu zwingen. Auch bei diesem Angriff scheiterten die faschistischen Verbündeten, nicht zuletzt mit ein wenig Glück für die Republikaner von der Wetterseite her. Tonnenweise militärisches Material, welches von den Italienern eingesetzt wurde, verlor sich nach heftigen Regen- und Schneeschauern. Die motorisierten Truppen blieben ohne Feuerkraft und Verteidigungsmöglichkeiten im Schlamm stecken. Die Unterstützung durch ihre schlagkräftige Luftwaffe blieb wetterbedingt aus. Mit der Verstärkung durch diverse Verbände der Internationalen Brigaden nutzte die republikanische Armee die Situation taktisch geschickt aus. Die Verluste auf der Franco-Seite waren gewaltig, vor allem bei den italienischen Kampftruppen, und letztlich eine grosse Schande für *Il Duce*. In Guadalajara kamen auch die importierten 20-mm-Oerlikon-Kanonen zum Einsatz.

Von all jenen Ereignissen las ich in den republikanischen Zeitungen oder hörte die Übertragungen vom offiziellen Staatsradio, relativ weit weg vom Kriegsschauplatz, in Murcia, während ich mich in einem Militärspital von meinen Verwundungen kurierte.

Murcia hat das ganze Jahr durch ein angenehmes Klima, und es herrschte bereits frühlingshaftes Wetter, als ich Mitte Februar mit einem Verwundetentransport ins Rehabilitationsspital gebracht wurde. Die Mandelbäume im Park vor dem Krankenhaus blühten bereits, und die seichte Luft war parfümiert durch den süsslichen Duft der Orangenblüten. Wenn ich nicht unter meinen Schmerzen gelitten hätte, wäre der Aufenthalt in jener Stadt beinahe paradiesisch gewesen. Eine Granate hatte mein linkes Bein und den Oberschenkel bis auf die Knochen aufgerissen. Einige Splitter hatten sich auch in die Bauchgegend und in die Brust eingefressen. Später erfuhr ich, dass ich viel Blut verloren hatte. Vor dem Abtransport nach Murcia wurde ich an einen sicheren Ort unweit des Schlachtfelds gebracht, wo der Sanitätstrupp vom kanadischen Arzt Doktor Norman Bethune des Bataillons Mackenzie-Papineau stationiert war und dessen mobiler Bluttransfusionsdienst mir das Leben gerettet hatte.

Ja, ich war am Leben! Bisher hatte mich keine Waffe und keine Folter umbringen können. Ich dachte viel nach über die vergangenen, intensiv gelebten Monate im Krieg und über den Sinn des Lebens und den Tod im Allgemeinen. Wie klein und verwundbar ist doch ein Mensch und wie klammern wir uns an unsere Existenz. Wie schnell kann eine scheinbar sichere und heile Welt durch unkontrollierte Umstände in eine Katastrophe führen.

Die ersten Wochen war ich ans Bett gebunden und konnte nicht aufstehen. Meine Liege befand sich in einem grossen Krankensaal, in dem Soldaten von verschiedenen Frontabschnitten einquartiert wurden. Einige waren schlimmer dran als ich, und es ging kein Tag vorbei, an dem nicht einer der Patienten hinschied und nachher, in ein weisses Tuch gehüllt, vom Krankenpersonal hinausgetragen wurde. Nachts hörte man Schreie von Verletzten, die ihre Schmerzen kaum aushielten, oder von anderen, die in Alpträumen von ihren allgegenwärtigen Schlachterlebnissen heimgesucht wurden. Die Verheilung meiner Wunden dauerte an, doch ich merkte von Tag zu Tag kleine Verbesserungen meines Zustandes.

Nach vier langen Wochen war ich in der Lage, aufzustehen, und ich gewöhnte mir an, täglich ein paar zaghafte Schritte, unterstützt von zwei hölzernen Krücken, zu machen. Zuerst im Krankensaal und nachher draussen im Park vor dem Lazarett. Die Ärzte und das Hilfspersonal waren sehr besorgt um uns Soldaten und halfen unter grossem persönlichem Einsatz, wo sie nur konnten, obwohl die medizinischen Mittel im Militärspital sehr beschränkt waren und es stets an Medikamenten, vor allem an Morphium, mangelte. Nebst den spanischen Pflegerinnen opferten sich auch zahlreiche Helferinnen auf, die von überall aus der ganzen Welt her ins Land gereist waren. Die meisten hatten sich freiwillig bereits bei Ausbruch des Krieges in den Dienst der Republik gestellt. Spanien war auf die karitative Hilfe aus dem Ausland angewiesen, die aber nur tropfenweise eintraf und dem Ansturm der verwundeten Soldaten in den Spitälern kaum nachkam. Was die offizielle Schweizer Regierung verweigerte, kam durch die Solidarität durch Teile der Bevölkerung zustande. Zahlreiche regierungsunabhängige Organisationen sandten humanitäre Hilfe ins Land. Im Oktober des Vorjahres zum Beispiel war ein Ambulanzfahrzeug mit Pflegepersonal vom Arbeitersamariterverband nach Spanien gefahren, und im Februar des Berichtjahres wurde ein Sanatorium für Waisenkinder in Puigcerdà in Katalonien eröffnet und ein Komitee für die Hilfe für spanische Kinder in der Schweiz gegründet.

«Hat's dich auch erwischt?», fragte mich unerwartet jemand auf Schweizerdeutsch an einem warmen Morgen, als ich gerade dabei war, nach den Waschungen und dem Verbandswechsel ein paar Schritte durch die Grünanlagen im Park zu unternehmen.

«Werner Jäggi aus Aarau, Luftabwehrkanonier im Tschapajew-Bataillon. In Spanien seit letztem November. Streifschuss am linken Oberarm am Jarama. Eigentlich nicht so schlimm, aber die Wunde heilte nicht gut und begann zu eitern. Es kam zu einer Infektion, und man hat mir dann den ganzen Arm amputiert. Ich bin nun kampfuntauglich, muss mich hier auskurieren, und anstelle der Unterstützung falle ich der Republik bald zur Last. Willst du eine Zigarette?»

Ich bemitleidete den Mann, der zum Krüppel gemacht worden war, war aber erfreut, jemanden zu treffen, mit dem ich mich in meiner Muttersprache unterhalten konnte und der mir den eintönigen Tagesablauf im Militärspital etwas verkürzen würde. In den folgenden Tagen verbrachten wir etliche Stunden draussen im Park, sprachen über den Kriegsverlauf und tauschten Informationen und Nachrichten aus, die wir von anderen verwundeten Soldaten erhalten oder der Presse entnommen hatten. Werner hatte ein breites Beziehungsnetz und wusste beinahe über jeden Schweizer Kameraden Bescheid, der in Spanien kämpfte. Trotz seiner Armverstümmelung strahlte er stets Optimismus über den weiteren Kriegsverlauf aus und war letztendlich froh, wie ich auch, am Leben sein zu dürfen. Ich erzählte ihm meine Geschichte und die Erlebnisse an den verschiedenen Fronten.

«Weisst du, André, jeder von uns hat verschiedene Motive, hier zu sein. Die einen hatten einen persönlichen Anlass, die Schweiz zu verlassen, und andere wiederum engagieren sich hier aus ideologischen und politischen Gründen. Es gibt in diesem Sinne keine Einheitsbiografie von uns Schweizer Spanienkämpfern. Viele Landsleute, wie ich übrigens auch, wurden von der Komintern angeheuert und in Gruppen via Paris und Lyon nach Spanien infiltriert. Andere wiederum haben sich eigenständig auf den Weg gemacht. Wie du und dein Gewerkschaftsfreund. Wie heisst der noch? Weisst du, an welcher Front er kämpft?»

Ich schluckte dreimal leer. Natürlich hatte ich Werner nichts von der geheimen Operation in Valencia erzählt. Jenes Thema war zu heikel, und ich befürchtete, dass der sowjetische Geheimdienst seine Fühler überall, auch in den Krankenstationen, ausgestreckt haben könnte. Zudem wusste ich, dass Werner aktives Mitglied der Kommunistischen Partei der Schweiz war und somit auch ein Spitzel hätte sein können, der beauftragt worden war, mich oder andere Landsleute zu beschatten. Und wenn dies auch nicht der Fall hätte sein sollen, dann wollte ich seine Partei nicht denunzieren, um ihn in seinen ideologischen Überzeugungen durch meine persönlichen Erlebnisse mit dem NKWD nicht zu enttäuschen. In jenem Krieg traute niemand so recht dem anderen über den Weg. Die Konsequenzen einer falschen Aussage oder auch nur des Verdachts, dass man ein Abweichler oder Verräter war, waren oft tödlich. Die Spannungen zwischen den Anarchisten von der marxistischen POUM-Partei und den Kommunisten waren in jenen Monaten überall auf republikanischem Gebiet spürbar, und im Mai 1937 kam es zu offenen Auseinandersetzungen in Barcelona, die zahlreiche Todesopfer forderten. Einen Monat später verschwand dann auch auf mysteriöse Weise der Anführer der POUM-Organisation, Andreu Nin. Die offizielle Version lautete, dass er von den Faschisten entführt worden war, aber es war ein offenes Geheimnis, dass in jener Aktion der sowjetische Geheimdienst die Finger im Spiel hatte.

«Leider weiss ich nichts von Dobler. Nach dem Militärputsch im Juli des vergangenen Jahres habe ich ihn in Barcelona aus den Augen verloren. Ich denke, dass er irgendwo im Süden des Landes kämpft. Vielleicht in der in der XIV. Brigade, in der ‹Marseillaise›, die bei Lopera in Andalusien stationiert ist. Aber das ist nur eine Vermutung auf einen Kommentar hin, den ein Basler, ich weiss seinen Namen nicht mehr, in Albacete Anfang dieses Jahres beiläufig abgegeben hat. Ich hoffe, Hans lebt noch.»

Mir war nicht wohl, nachdem ich jene Notlüge ausgesprochen hatte, und war froh, dass Werner nicht tiefer auf das Thema einging und begann, andere Anekdoten von Landsleuten zu erzählen.

«Übrigens, weisst du, André, dass Clara Thalmann als Schwimmerin an der abgeblasenen Volksolympiade eingeschrieben war? Sie fuhr mit ihrem Ehemann Paul nach Barcelona und schrieb sich nachher, wie du ja auch, bei einer der anarchistischen Hundertschaften ein. Die beiden sind sicher noch in Aragón stationiert, obwohl ich gehört habe, dass Frauen nun doch nicht mehr an vorderster Front geduldet und nach der Heeresreform vielmehr in den rückwärtigen Logistik- und Sanitätseinheiten eingesetzt würden. Hast du in Albacete Roland Aebi aus Bern getroffen? Den kannte ich aus der KPS. Vergangenen November kam er via Lyon nach Spanien und wurde in die XV. Brigade eingeteilt. Der arme Teufel hatte leider Pech und fiel Mitte Februar an der Jarama-Front. Nicht alle werden diesen Krieg überleben, André. Wir werden noch weitere zahlreiche Opfer erbringen müssen, um den Faschismus zu besiegen.»

Auch andere Schweizer, die uns entweder über den Weg gelaufen waren oder die wir vom Namen her kannten, wurden in unseren Gesprächen erwähnt. So etwa Emil Kummer, eigenständiger Auslieferer von Früchten und Gemüse für Hotels und Restaurants, der mit drei weiteren Kameraden einen Mercedes in Zürich gemietet hatte und nach Barcelona gefahren war, um sich bei den Anarchisten einzuschreiben. Dort angekommen, überliessen sie den Wagen deutschen Anarcho-

Syndikalisten, mit der Abmachung, dass jene dem Garagenbesitzer in der Schweiz melden würden, der Wagen habe einen Totalschaden erlitten. Ein anderer Landsmann, Rudolf Kohler, der sich auf Wanderschaft in Spanien befunden hatte, als ihn der Putsch an der Mittelmeerküste überraschte, erlebte den Fall Málagas im vorigen Februar. Zusammen mit Tausenden von anderen Einwohnern wurde er gezwungen, die Flucht in das zweihundert Kilometer entfernte Almería zu ergreifen. Auf eine feige Art und Weise bombardierten während Tagen faschistische Einheiten jenen kilometerlangen Flüchtlingsstrom mit Schiffs- und Fliegerkanonen und verursachten ein furchtbares Chaos. Unzählige Zivile, Frauen, Kinder und alte Männer, fanden dabei den Tod. Dann gab es auch Schweizer, die mittlerweile bereits wieder in die Heimat zurückgereist und dort von Militärgerichten zu Freiheitsstrafen verurteilt worden waren. Andere kehrten nach den Mai-Ereignissen in Barcelona, enttäuscht über die inneren Konflikte auf der republikanischen Seite und mit der verlorenen Hoffnung, den Krieg zu gewinnen, zurück. Anfang April wurde auch ein erster Kollektivprozess gegen Rekrutierer in der Schweiz abgehalten.

«Doch diese Repressalien werden Hunderte von weiteren Schweizern und Waffenbrüdern aus der ganzen Welt nicht abhalten können, nach Spanien zu kommen und für die Freiheit zu kämpfen», meinte Werner, als wir von einer Krankenschwester aufgefordert wurden, uns wieder ins Spitalgebäude zu begeben, um unsere Mahlzeit einzunehmen.

Die Tage wurden länger und wärmer, und in den Abendstunden begleitete uns bei unseren täglichen Zusammenkünften das rhythmische Zirpen der Grillen. Meine Wunden heilten gut, und ich war zuversichtlich, dass ich bald wieder eine produktive Arbeit in irgendeiner Form annehmen könnte, um der Republik nützlich zu sein. Trotzdem befürchtete ich, dass ich wohl fortan mit einem Hemmnis am Bein, das mich beim Gehen behindern würde, leben musste.

Am 26. April 1937 vernahmen wir im republikanischen Radio die Meldung, dass deutsche Bomber der Legion Condor das kleine Dorf Guernica in unmittelbarer Nähe von Bilbao im Baskenland bombardiert hätten und dass der ganze Ort in Flammen aufgegangen sei und dies wahrscheinlich Hunderte von zivilen Todesopfern zur Folge gehabt habe. Bereits Ende März wurde auf ähnliche Weise das Nachbardorf Durango durch italienische Flugzeuge bombardiert. Jene Nachricht ging um wie das Lauffeuer und wurde überall kommentiert. Auch die ausländische Presse berichtete darüber. Die Zweifel über die nur einseitige Einhaltung des Nichteinmischungspaktes durch die europäischen Demokratien (die Grenze zu Frankreich war seit Mitte Februar geschlossen) kamen erneut auf, und die wirkliche Absicht von Hitler und Mussolini, Spanien als Testfeld ihrer neu entwickelten Waffen und Kriegstaktiken zu benutzen, wurde einmal mehr offenbar. Die Zerstörung eines Dorfes ohne militärische und strategische Bedeutung war ein barbarischer Akt. Pablo Picasso malte kurz darauf im Auftrag der Republik für den spanischen Pavillon an der Weltausstellung im selben Jahr in Paris ein grossflächiges Ölbild mit dem Namen des zerstörten Dorfes, welches symbolisch die Abscheulichkeit jener Bombardierung und des Krieges generell darstellen und anklagen sollte. Die Industriestadt Bilbao am Golf von Biskaya wurde Mitte Juni von der franquistischen Nordarmee erobert. Mit dem Fall von Bilbao fielen den Faschisten auch die für die Kriegsproduktion wichtigen Stahl- und Eisenfabriken in die Hände.

Juni 1937
Werner wurde Anfang Juni aus dem Spital entlassen und wegen seiner Behinderung aus der republikanischen Armee ausgemustert. Die Enttäuschung stand ihm ins Gesicht geschrieben, als ein Verbindungsoffizier der Internationalen Brigaden ihm den Entscheid mitteilte. Da er unter diesen Umständen auch nicht selbst für seinen Lebensunterhalt im Land aufkommen konnte, blieb ihm nichts anderes übrig, als Spanien zu verlassen und in die Schweiz zurückzukehren. In Alicante bestieg er ein Personenschiff, das ihn nach Marseille hätte bringen sollen. Erst Monate später erfuhr ich, dass jenes Schiff auf seiner Überfahrt von einem deutschen U-Boot-Torpedo getroffen wurde und keiner der Passagiere den Angriff überlebte. Werner war ein guter Kerl, und ich hatte ihm Unrecht getan, ihn als NKWD-Spitzel zu verdächtigen.

Mit der zunehmenden sommerhaften Hitze in Murcia wurde ich ungeduldig, und das Bettlägerigsein drückte auf meine Moral. Auch der Park vor dem Militärspital wirkte als mein Aktionsradius zu eingeschränkt, und ohne meinen täglichen Schwatz mit Werner verstrich die Zeit schleppend. An einem wunderschönen Morgen Mitte Juni wurde ich ungeahnt von jener Monotonie befreit, als ich unweit von meiner Parkbank eine Sanitätshelferin beobachtete, wie sie etwas ungeschickt aus einem Ambulanzfahrzeug ausstieg und mit einer Utensilientasche Richtung Spitalgebäude eilte. Die Pflegerin mit ihrem aufgebundenen schwarzen Haar war jung und ihr Gesicht hatte einen dunklen Teint. Bevor sie ins Spitalgebäude eintrat, drehte sie sich um und lächelte verlegen, weil die Tragtasche, die sie um ihre Schulter gehängt hatte, ihr beinahe auf den Boden fiel und ihr die Situation offensichtlich ein wenig peinlich war, obwohl ausser mir niemand den Vorfall bemerkt hatte. Zwar wickelte sich das alles in Sekundenschnelle ab, aber ich konnte ganz klar ihre schwarzen Rehaugen und das blanke Weiss ihrer Zähne erkennen. Gerne hätte ich ihr beim Tragen ihrer Last geholfen, doch ich war immer noch auf meine zwei Krücken angewiesen und war nicht in der Lage, kurzweg aufzustehen und ihr zu Hilfe zu eilen. Die Krankenschwester war offenbar neu hier, denn es schien mir unwahrscheinlich, dass ich eine so schöne Gestalt nicht schon vorher bemerkt hätte. Ihre überraschende Erscheinung erweckte meine Sinne zu neuem Leben und gab meinem eintönigen Aufenthalt in der Klinik wieder einen Inhalt. Ich schwebte für einen Moment im siebten Himmel, vergass meine Verletzungen, den Krieg und alles andere um mich herum. In jener Nacht konnte ich kein Auge zutun. Ich dachte unaufhörlich an sie und heckte verschiedene Taktiken aus, wie ich am besten mit ihr in Kontakt treten könnte. Natürlich ging ich davon aus, dass die Krankenschwester in diesem Spital ihren Dienst antreten würde. Was wäre wohl, dachte ich, wenn das nicht der Fall und sie tags darauf plötzlich wieder verschwunden wäre? So würde ich sie wahrscheinlich nie wiedersehen.

Doch ich hatte Glück. Am nächsten Morgen sah ich ‹meine› Pflegerin wieder im Park. Sie war also bei uns eingeteilt worden. Zusammen mit zwei anderen Helferinnen spazierte sie in Richtung Tor, welches sich gegen die Landstrasse öffnete, die in die Innenstadt von Murcia führte. Jener Moment war jedoch bedenklich unpassend, um meine Offensive zu starten. Ich musste eine andere Gelegenheit finden, bei der ich sie allein antreffen könnte und bei der niemand Zeuge einer möglichen Blamage bei einer Zurückweisung ihrerseits sein würde. Der Anlass bot sich bereits am gleichen Nachmittag. Ich kam gerade von meinem Parkrundgang zurück, als ich sie wieder erblickte. Die junge Dame hatte wohl gerade Pause oder sogar Dienstschluss und rauchte eine Zigarette vor dem Spitaleingang. Als sich unsere Blicke kreuzten, grüsste sie mich, dieses Mal aber mit einem selbstsichereren Lächeln als jenem, das sie am Vortag beim Eintritt in das Spitalgebäude aufgesetzt hatte. Ich nahm jene Geste als eine Einladung an, mit ihr eine Unterhaltung anzufangen. Jedoch ohne dass ich die Initiative ergreifen musste, fragte sie mich:

«*¿Qué te ha pasado? ¿Llevas mucho tiempo aquí? ¿Dónde te han herido?* Was ist mit dir passiert? Bist du schon lange hier? Wo hast du deine Wunden geholt?»

«*Bueno, es una historia muy larga.* Das ist eine lange Geschichte», antwortete ich.

«*¡Cuenta, cuenta! Tengo mucha curiosidad. Me encantan las historias de nuestros soldados.* Erzähl sie mir, bitte! Ich bin ganz neugierig. Mich interessieren die Geschichten unserer Soldaten.»

Ich war erstaunt über die Leichtigkeit, mit der ich mit ihr ins Gespräch gekommen war. Es war so natürlich, als ob wir schon alte Bekannte wären und uns seit Jahren kennten. Sie hörte mir aufmerksam zu und sah mich dabei mit ihren runden, weit geöffneten Augen an. Hie und da sprach sie ein teilnahmsvolles «*¡Madre mía!*» aus.

Es war bereits dunkel, als ich zum Schluss meines Erlebnisberichtes kam.

«*Oye, me tengo que marchar. Tengo turno de noche. Por cierto, me llamo Inés. ¿Cómo te llamas tú? Mañana me cuentas más de ti, ¿vale?* Ich muss leider gehen, weil ich Nachtdienst habe. Übrigens, ich heisse Inés, und wie heisst du? Morgen fahren wir mit unserem Gespräch fort, gell?»

In jenem Augenblick war ich der glücklichste Mensch auf der Welt. Ich konnte es kaum glauben, dass ich doch noch so schöne Momente erleben durfte.

«*Hasta mañana, Inés.*»

Inés. Dieser Name klang wie wunderbare Musik in meinen Ohren. Auch in jener Nacht fand ich keinen Schlaf, aber diesmal war mein Glücksrausch schuld daran. Die nächsten Tage flogen nur so vorüber, und die Heilung meiner Wunden entwickelte sich zufriedenstellend. Mittlerweile war ich nur noch auf eine Krücke angewiesen und konnte mich halbwegs gut fortbewegen. Auch verspürte ich keine grossen Qualen mehr. Einzig wenn ich etwas länger auf meinem linken Bein abgestützt war, empfand ich noch einen leisen Schmerz. Inés und ich sprachen nun täglich miteinander. Nach ihrem Arbeitsschluss wartete ich im Park auf sie, und unsere Unterhaltungen dauerten jeweils bis tief in die Nacht hinein.

An einem Abend fuhr uns einer ihrer Verwandten, der gerade Dienst als Korporal in einer in der Nähe gelegenen Kaserne leistete, in einem Militärjeep nach Murcia, wo wir zusammen vergnügt ins gesellschaftliche Leben auf den betriebsamen Strassen und Plätzen der Stadt eintauchten. In einem Café tranken wir eine kalte Mandelmilch, oder *horchata,* wie man in den Levante-Städten von Spanien das erfrischende Getränk nennt, rauchten dabei genüsslich Zigaretten und erzählten uns Geschichten von unseren Leben. Wir lachten jeweils vergnüglich, wenn ich mich bei einem Wort auf Spanisch vergriff, das entweder gar nicht existierte oder dessen Sinn in dem bestimmten Zusammenhang ein völlig anderer war. Obwohl Inés sehr jung aussah, war sie bereits fünfundzwanzig Jahre alt. Sie stammte aus dem fünfzig Kilometer entfernten Cartagena, wo sie sich bei Kriegsbeginn freiwillig beim Sanitätsdienst gemeldet hatte. In jener Hafenstadt wohnten auch ihre Familienangehörigen. Inés war die Älteste von acht Geschwistern. Ihre jüngste Schwester, Rosario oder Charo, wie sie alle nannten, war gerade erst drei Jahre alt. Inés hatte vier Brüder, von denen zwei im militärpflichtigen Alter waren und in Andalusien an der Front in der republikanischen Armee kämpften. Sie vertraute mir an, dass, auch wenn sie eine *roja* oder «Rote» sei, sie im Geheimen zu Gott beten würde, damit ihren Brüdern nichts geschehe. Bis anhin waren ihre Fürbitten auf Gehör gestossen und ihr und ihrer Familie der göttliche Schutz gewährt worden.

Die historische Stadt Cartagena oder Cartago Nova, wie sie die Römer nannten, mit ihrem natürlichen und geschützten Hafenbecken, ist ein geografisch und strategisch wichtiger Standort seit je. Inés' Vater arbeitete in der dortigen Schiffswerft, dem *Arsenal*. In jener Fabrik wurden Kriegsschiffe gebaut und repariert. Der Hafen von Cartagena diente als einer der wichtigsten Umschlagplätze für die Versorgung der Republik vom Mittelmeer her. Ein so bedeutender militärischer Standort war natürlich auch immer ein verwundbares Angriffsziel des Feindes, und seit dem Herbst 1936 wurden die Stadt und die Hafenanlage regelmässig von Mussolinis Savoia-Marchetti oder von Hitlers Junkers und Heinkel-Bombern heimgesucht, deren Schlagkraft die republikanische Luftverteidigung kaum etwas entgegenhalten konnte. Inés erzählte mir ausführlich vom Leben unter diesen Umständen, von den langen Nächten im Luftschutzunterstand, von den zahlreichen zerstörten Gebäuden und den toten und verletzten Einwohnern, die aus den Trümmern geborgen wurden. Trotz der tragischen Erlebnisse blickte sie mit Optimismus in die Zukunft und glaubte fest an den baldigen gerechten Sieg der Republik. Keine noch so schändlichen Bombengewitter konnten ihr das Lächeln nehmen.

Ende Juni suchte mich der Verbindungsoffizier der Internationalen Brigaden im Spital auf und teilte mir mit, dass er von Otto Brunner, der mittlerweile den Rang eines Obersts innehatte, kontaktiert worden sei und dieser mich für die Absolvierung der achtwöchigen Offiziersschule der Interbrigaden in Pozorrubio bei Albacete vorgeschlagen habe. Gemäss den Arztberichten sei ich wieder für den Waffendienst einsatzfähig. Der Kontaktmann betonte, dass Oberst Brunner von mir erwarte, dass ich den Vorschlag annähme. Der Ausbildungskurs werde nächste Woche beginnen. Ich verstand es, die Nachricht richtig zu deuten, und wurde auf einen Schlag wieder zurück in die Realität geholt. Natürlich war ich froh, dass ich mich von meinen Verwundungen zufriedenstellend erholt hatte, und es war mir bewusst, dass ich nicht ewig in jenem Spital in Murcia bleiben könnte und dass der Tag der Entlassung einmal kommen würde. Offiziell war ich immer noch in der XIV. Brigade eingeteilt, und eine Heimreise in die Schweiz oder der Weggang in eine andere Region von Spanien oder sogar in ein anderes Land hätte zu jenem Zeitpunkt Desertion bedeutet. Auch die latente Angst, immer noch vom sowjetischen Geheimdienst verfolgt zu werden, festigte meinen Entscheid, weiterhin unter Brunners Fittichen zu bleiben und seinem Willen zu folgen. Ich konnte also zwischen einem sofortigen Fronteinsatz oder einer militärischen Weiterbildung auswählen, und da ich das Trauma vom Jarama noch nicht genügend verarbeitet hatte und mir eine sofortige Rückkehr auf das Schlachtfeld grossen Respekt einflösste, entschied ich mich für Pozorrubio.

Als ich Inés an jenem Nachmittag traf, merkte sie sofort, dass etwas nicht stimmte, und sie fragte mich, warum ich so schweigsam sei. Wiederum überraschte mich Inés' Reaktion, als ich ihr die Situation erklärte.

«*Andrés, en estos días sólo tiene un sentido nuestras vidas: el de dedicarnos en cuerpo y alma a ganar esta maldita guerra. Tu lugar está en el campo de batalla y yo estoy aquí para curar a nuestros heridos. Habrá tiempo más adelante para dedicarnos a otros menesteres.* André, momentan haben wir beide nur ein Lebensziel, und zwar, dass wir alles mit unseren vollen Kräften und Fähigkeiten darangeben müssen, damit wir diesen verfluchten Krieg gewinnen. Du mit den Waffen, und ich heile die Verwundeten von den Schlachten gesund. Es werden schon bessere Zeiten kommen, um uns wieder anderen Dingen im Leben widmen zu können.»

Wie recht sie doch hatte. Wie rational und ausgereift waren ihre Gedanken. Ihre Worte wirkten wie erlösender Balsam.

«*Ahora vamos a tener un par de días libres y te presentaré a mi familia en Cartagena.* Lass uns die paar freien Tage bis zu deiner Abreise nutzen, damit ich dich meiner Familie in Cartagena vorstellen kann.»

Am nächsten Morgen verabschiedete ich mich von den anderen Patienten und dem Pflegepersonal und beantragte bei meiner Brigade einen Kurzurlaub, welcher mir auch sofort erlaubt wurde. Kurz nach Mittag fuhren wir mit dem Zug nach Cartagena. Inés' Eltern wohnten nicht weit vom Bahnhof entfernt, im Quartier *Santa Lucía* nahe der Hafenanlage der Stadt. Herzlich wurde ich von den Familienmitgliedern begrüsst, und sogar die Nachbarn kamen dahergeeilt, um mich zu sehen und mich als ausländischen Brigadisten zu bejubeln. Besonders die kleine Charo wich keine Sekunde von mir und beharrte darauf, dass ich sie fortwährend in den Armen tragen sollte. Mir war jener Empfang fast ein wenig peinlich, denn ich fand überhaupt nicht, dass ich bis anhin irgendetwas Besonderes für die Rettung der Republik geleistet hätte. Die Einwohner an der spanischen Mittelmeerküste sind offene und liebenswürdige Menschen und stets neugierig, wenn ein Fremder zu Besuch kommt. Wir ausländischen Brigadesoldaten wurden dazumal auch als Retter angesehen, und unser Einsatz half der republikanischen Führung, Optimismus zu verbreiten, dass ein Sieg über die Faschisten wohl möglich sein und sogar bald bevorstehen würde. Spontan wurden Tische und Stühle vor dem Haus zusammengestellt, und Inés' Mutter, Doña Carmen, und andere Nachbarsfrauen trugen Esswaren und Wein auf. Doña Carmen war eine stämmige Frau im mittleren Alter, und ich merkte sofort, dass sie die Matriarchin war. Sie hatte ihre Familie fest im Griff, und alles geschah nach ihren Anweisungen. Das Fest stieg, und ein wenig später gesellte sich noch ein Onkel von Inés dazu, der mit seiner Gitarre für die musikalische Unterhaltung sorgte und Volkslieder intonierte, die sofort von der fröhlichen Gruppe im bunten Gesang übernommen wurden. Die zwei jüngeren Schwestern gaben mit Tanzeinlagen ihr Bestes dazu und wurden mit rhythmischem Händeklatschen und «¡*Olé, Olé!*»-Rufen begleitet. Inés war es sichtlich wohl im Familienkreis, und sie lachte munter, als ich aufgefordert wurde, ein Lied aus meiner Heimat vorzutragen. Sie zwinkerte mir mit einem Auge zu und ermutigte mich, diesem Vorschlag nachzukommen, worauf ich allen Mut zusammennahm und «Ramseyers wei go grase», wohl mit errötetem Kopf, anstimmte. Jeweils beim Refrain wurde ich von der Festgemeinde begleitet, und als das Lied verklungen war, applaudierte der ganze Tisch euphorisch. Ich konnte es kaum glauben, dass, trotz der bedrohlichen Situation zu jener Zeit, ein solches vergnügliches Fest möglich war. Die Nacht brach ein, und wahrscheinlich hätten wir noch lange weitergefestet, wenn nicht die abendliche Ausgangssperre oder *el toque de queda*, die über Cartagena verfügt worden war, in Kraft getreten wäre. Wir mussten in die Häuser rein und alle Fenster gegen die Strasse hin verdunkeln.

Mir wurde ein kleines Zimmer gegen den Innenhof zugewiesen. Glücklich und dankbar für das Erlebte verabschiedete ich mich von der Familie und zog mich zurück ins Schlafgemach. Die Nacht war angenehm warm, und ich lag noch eine ganze Weile versunken in meinen Gedanken wach auf dem Bett, bevor ich einschlief.

Noch vor dem Morgengrauen erwachte ich, als ich bemerkte, dass sich jemand an meiner Seite hinlegte. Inés' Haar roch nach wilder Kamille und angenehmer Frische. Bis das erste Tageslicht durch das kleine Fenster hineinbrach, hatten wir uns kaum gerührt und genossen still unsere Gegenwart. Unsere Fingerspitzen berührten sich sachte. Inés war nur mit einer schwarzen Bluse bekleidet, deren obere Knöpfe geöffnet waren, sodass ihre wohlgeformten Brüste sichtlich erkennbar wurden. Die spitzigen und verhärteten Brustwarzen markierten den leichten Stoff ihres Bekleidungsstücks. In der Beckengegend enthüllten sich ihre Schamhaare, und ich fühlte, wie sich ihr rechter Oberschenkel an meinen Körper lehnte und ich von ihrer sanften Haut berührt wurde. Das andere Bein hatte sie leicht gestützt auf ihrem zarten Fuss gegen sich angewinkelt. Ihr Gesicht lag im Dunkeln, und ich spürte ihren regelmässigen Atem. Jener Zustand bewirkte eine angenehme Spannung, und eine Vorahnung kam in mir auf, dass wir bald den Schritt in eine quasi verbotene Zone machen würden. Trotzdem dominierte aber die Anwesenheit des Gefühls eines vollkommenen Glücks und einer überwältigenden Lust, die alle verstandesmässigen Gedanken allmählich ausschalteten. Jene Stimmung dauerte während einer guten Weile an, bis sich unser leiser Atem vertiefte, ich meinen Kopf zu ihr drehte, um mit meinen Lippen sachte ihren sinnlichen Mund zu berühren, und sich dann unsere leidenschaftliche Begierde in einen ekstatischen Rauschzustand steigerte.

«*¡Hoy vamos todos de excursión y preparamos un arroz en el campo!* Heute machen wir einen Ausflug und kochen draussen ein Reisgericht», kündigte Doña Carmen an, als ich mit müdem Gesicht in der Küche einen schwarzen Kaffee trank.

Inés stand neben mir und warf mir ein komplizenhaftes und verschmitztes Lächeln zu. Ihre Augen strahlten, und ich wusste, dass sie unser gemeinsames Liebeserlebnis genossen hatte und – wie ich auch – verliebt war.

«*¡Andrés, ve tú con los chicos para hacer el fuego. Nosotras prepararemos las viandas en casa con las niñas. Luego os alcanzaremos.* – André, du gehst mit den Männern voraus und hilfst, die Feuerstelle einzurichten, während wir Frauen zu Hause das Essen vorbereiten. Nachher kommen wir euch dann nach.»

«*¡A sus órdenes señora comandante!* Zu Befehl, Frau Kommandantin!», erwiderte ich, klapste meine Schuhe zusammen und grüsste stramm militärisch, worauf alle um uns herum in helles Lachen ausbrachen.

Zusammen mit Pedro, Inés' Vater, den zwei jüngeren Brüdern und dem Onkel packten wir die nötigen Sachen ein, die für das Kochen an der Feuerstelle benötigt wurden. Danach machten wir uns auf den Weg Richtung *Cala Cortina*, einer kleinen Meerbucht unweit von *Santa Lucía* und dem Hafen entfernt, mit einem Zwischenhalt in der *bodega* des Quartiers, wo wir unsere mitgebrachten *botas* mit Wein auffüllten. Unterwegs sammelten wir trockenes Reisigholz von Rosmarinsträuchern, und der Onkel von Inés erlegte mit seiner Schrotflinte drei wilde Hasen, auf die wir im offenen Feld trafen und die nachher hätten mit dem Reis aufgekocht werden sollen. Dazu kam es aber leider nicht.

Als wir am Sandstrand der kleinen Bucht ankamen und unser mitgebrachtes Material deponierten, um uns nachher bei einem Bad abzukühlen, hörten wir aus der Ferne ein unheimliches Motorenbrummen, das sich in Sekundenschnelle näherte und immer lauter wurde. Plötzlich tauchte am südlichen Horizont eine Fliegerstaffel auf, und kurz darauf detonierten auch bereits die ersten Bomben. Das Heulen der Sirenen der Stadt, die die Bevölkerung hätten vorwarnen sollen, damit diese in die Schutzräume hätte flüchten können, kam reichlich spät. Auch die Luftabwehrkanonen, die um das Hafenareal stationiert waren, feuerten nur spärlich, weil die Bomber ausserhalb der Reichweite ihrer Schusslinien waren. Die Angriffswelle intensivierte sich, und eine zweite Staffel warf ihre tödliche Last unpräzise über dem Hafenquartier ab. Dem Jaulen und den Explosionen der Bomben folgte das Rattern der Flugbordkanonen. Wir liessen alle unsere Sachen liegen und rannten Richtung Stadt zurück. Schwarze Rauchschwaden stiegen von den Gebäuden um das Hafenbecken in die Luft und kündigten an, dass wir uns auf das Schlimmste gefasst machen müssten. Das Bombardement dauerte an, doch ungeachtet der Gefahr liefen wir weiter Richtung Inés' Haus. Als wir an dem Areal vor dem Stadtrand ankamen, näherte sich ein Heinkel-Bomber und begann, mit Streusalven seines Bordmaschinengewehrs wild in unsere Richtung zu feuern. Schutzsuchend warfen wir uns mit dem Gesicht nach unten auf den Boden. Glücklicherweise wurde niemand von den Einschlägen getroffen, und wir nutzten die Gelegenheit, weiterzurennen, während das Flugzeug das Manöver einleitete, in einer Kehre um hundertachtzig Grad zu wenden. Als sich der Bomber uns wieder näherte, hatten wir bereits Zuflucht unter einem Hausvordach gefunden. Der Pilot schien uns nicht mehr zu orten, denn die Maschine entfernte sich mit Kurs Richtung Meer.

Im Stadtteil *Santa Lucía* herrschte totales Chaos. Dunkle Rauch- und Staubwolken überdeckten das Quartier. Ganze Häuser standen in Flammen oder lagen mit eingestürzten Mauern brach. Frauen, die mit ihren Händen das Haupt bedeckten und von Panik ergriffen nach ihren Kindern schrien, liefen im Schockzustand verwirrt umher. Verletzte Körper und Leichen übersäten die Strasse, und es roch nach Schwefel und Verbranntem. Auch das Haus von Inés war nicht verschont geblieben. Anstelle des Gebäudes stiessen wir auf einen Trümmerhaufen. Die Frontfassade des Hauses war eingebrochen und das Dach lag eingestürzt im Innenhof. Die Stützbalken lagen quer in der Parzelle. Ein Bombeneinschlag musste das Haus direkt getroffen haben. So gut wir konnten, machten wir uns daran, das Geröll wegzuräumen und nach den Familienmitgliedern zu suchen. Nach langen Minuten der Ungewissheit arbeiteten wir uns hinein in die Hausruine, wo sich das Wohnzimmer befand. Dort und in der anliegenden Küche fanden wir die schwer verunstalteten Leichen der zurückgebliebenen Frauen. Doña Carmen, die kleine Charo mit einer Stoffpuppe in ihren Armen, die anderen zwei Schwestern und meine Inés. Jener Anblick war wohl der härteste Moment in meinem Leben, und als ich mich umdrehte und Pedro und seine Söhne konsterniert und hilflos vor ihren ermordeten Familienangehörigen sah, konnte ich mich nicht mehr beherrschen und brach in Tränen aus.

Die toten Körper der ganzen Nachbarschaft wurden noch am gleichen Tag gegen Sonnenuntergang auf dem nahen Friedhof in einem Massengrab unter drei hoch aufragenden Zypressen beerdigt. Die letzten Trostworte sprach ein Beamter der städtischen Verwaltung. Nachher lag eine erdrückende Stille über der Begräbnisstätte, die nur durch die monotonen Schläge einer einsamen und matt klingenden Totenglocke aus der Friedhofskapelle unterbrochen wurde. Ohne auch nur ein Wort von uns zu geben, verliessen wir den *campo santo*. Niemand auf der Welt hätte uns zu jenem Zeitpunkt trösten können, und der Schmerz über den Verlust jener Menschen würde ewig in uns haften bleiben. Während den nächsten zwei Tagen half ich Pedro und seinen Söhnen beim Wegräumen des Gerölls auf der Hausparzelle. Wir arbeiteten schweigsam vom Sonnenaufgang bis zur Abenddämmerung, und jeder war in seine Gedanken versunken und versuchte so gut wie möglich, mit sich selbst das Vergangene zu bewältigen. Meine Trauer um die tote Inés wandelte sich nach und nach in Wut. Wut auf jenen Krieg, auf das sinnlose Morden unschuldiger Menschen, auf die Ungerechtigkeiten, die kein möglicherweise existierender Gott im Himmel je zugelassen hätte, und vor allem Wut auf die Faschisten. Ich war entschlossen, weiter mit allen meinen mir zur Verfügung stehenden Kräften für die Republik zu kämpfen, wie das auch Inés von mir erwartet hätte. Am darauffolgenden Tag verabschiedete ich mich brüderlich von Pedros Familie am Bahnhof von Cartagena und stieg in den Zug Richtung Albacete ein.

Juli – Dezember 1937
Wieder verbrachte ich die Weihnachtszeit in Spanien. Am Jahresende 1937 bei Teruel, in einer Gegend im Innenland von Aragón, etwa einhundertfünfzig Kilometer Luftlinie von der Mittelmeerküste entfernt. Die vorherigen sechs Monate waren flugs vorübergegangen, und ich war froh, dass ich beschäftigt und abgelenkt war, damit ich so meine Trauer um Inés bewältigen und jenen schicksalhaften Tag in Cartagena aus meinen Gedanken in die Ferne rücken konnte.

Die Offiziersschule in Pozorrubio hatte ich mit Bravour absolviert. Die Unterrichtung in der taktischen Gefechtsführung, Karten-, Waffen- und Schiesslehre und anderen militärischen Disziplinen war abwechslungsreich und lag mir. Nach Abschluss der Ausbildungszeit war ich zuerst als Instruktor in der XI. Brigade eingeteilt worden, um die neu angekommenen, Deutsch und Französisch sprechenden Brigadisten in Albacete in militärischen Grundkenntnissen zu unterrichten.

In jenem Lager hatte ich den aus St. Gallen stammenden Walter Wagner kennengelernt, der beauftragt war, für die

«Betreuung» der Schweizer Brigadisten zu sorgen. Ich traute Walter nie so recht über den Weg und zweifelte auch an seinem dubiosen Amt. Vielmehr vermutete ich, dass er für den militärischen Geheimdienst arbeitete und für die Gegenspionage zuständig war. Walters Eintreffen in Albacete fiel auch mit der Gründung vom *SIM (Servicio de Investigación Militar)*, dem republikanischen militärischen Geheimdienst, zusammen, und es gingen Gerüchte um, dass Walter die kommunistische Leninschule in Moskau absolviert habe. Ob meine Vermutung richtig war oder nicht, weiss ich nicht, und es entgeht auch meinen Kenntnissen, ob es Zufall war, dass zwei unserer Landsleute, die mit Wagner im Ausbildungslager zu tun hatten, beim Brigadestab ohne offensichtlichen Grund in Ungnade fielen und nachher in ein republikanisches Gefängnis in Valencia überführt wurden. Ich erfuhr auch nie, ob sie dort je lebend wieder rauskamen oder nicht. Ich wurde das Gefühl nicht los, dass Wagner meine Nähe suchte, um von mir Informationen über die politischen Einstellungen und den Verbleib von anderen Schweizern im Land herauszufinden. Er wollte auch immer wieder wissen, was ich in der Vergangenheit in der Heimat gemacht und mit welchen Leuten ich mich abgegeben hätte. Ich wusste auch nicht, bis auf welche Details Wagner über die geheime Waffenlieferung von der Schweiz nach Valencia im Bild war. Jedenfalls erwähnte ich bei unseren Gesprächen jenes Thema nicht, und seltsamerweise fragte er mich auch nie nach Hans Dobler. All jene Ausfragereien und das Spiel mit den beiläufigen und brockenweisen Nennungen von zum Teil klassifizierten militärischen Geheimnissen und Gerüchten, welche nur dazu dienten, Informationen und Meinungen über andere Personen aus mir herauszuholen, gingen mir allmählich auf die Nerven. Auf jeden Fall versuchte ich, Walter in meiner freien Zeit, wenn immer möglich, zu meiden.

In der Zwischenzeit hatte die franquistische Armee Santander und Gijón unter Kontrolle gebracht und damit die Nordoffensive Mitte Oktober erfolgreich abgeschlossen. Die militärischen Operationen konzentrierten sich nun auf Aragón und auf den Durchgang von Zaragoza zum Mittelmeer hin. Sowohl die Franco-Truppen als auch die republikanische Armee lancierten in der zweiten Jahreshälfte 1937 und Anfang 1938 Offensiven bei Quinto, Belchite und Teruel, um den Meeresdurchbruch zu erreichen respektive diesen zu vermeiden. Das nächste Ziel von Franco war, die Republik zu teilen und Katalonien vom unbesetzten Restgebiet der Republik abzuschotten. Der republikanische Regierungssitz wurde Ende Oktober von Valencia nach Barcelona wiederum vorsorglich verlegt. Im Mai war Dr. Juan Negrín, von Beruf Arzt, Mitglied der Sozialistischen Partei und den Kommunisten nahestehend, als neuer Regierungschef eingesetzt worden. Die militärischen Konfrontationen nahmen an Intensität und Härte zu und wandelten sich in einen Zermürbungskrieg. Allein in jenen Winterschlachten in Aragón fielen bis zu hunderttausend Männer auf beiden Seiten oder wurden schwer verletzt. Das Thermometer erreichte Temperaturen von bis zu zwanzig Grad unter null, und etliche Soldaten erfroren in der eisigen Kälte. Obwohl die republikanische Offensive über das Jahresende 1937 und zu Beginn des Jahres 1938 bei Teruel erfolgreich war und die Franquisten die Stadt den republikanischen Truppen übergeben mussten (am 8. Januar nahm der Schweizer Bataillonskommandant Benjamin Juan Iseli die Kapitulationsunterzeichnung der Franco-Truppen entgegen), war jener Sieg nur von kurzer Dauer. Sobald die Wetterverhältnisse besser wurden, flogen die deutsche und die italienische Luftwaffe wieder ihre konstanten Angriffe auf die Positionen der Republikaner. Zum ersten Mal wurden auch die mörderischen Stuka-Flieger gefechtsmässig eingesetzt, die in

Koordination mit Panzereinheiten und einer präzisen Artillerieunterstützung eine neuartige Taktik erprobten, welche im Militärjargon *Blitzkrieg* genannt wurde.

Als Infanteriezugführer im Bataillon Thälmann eingesetzt, ging ich mit meinen Männern in Teruel durch die reinste Hölle. Auf uns selbst gestellt und ohne Unterstützung unserer Flugwaffe oder Artillerie, wurden wir in die Gefechte geworfen. Sowohl Waffen, Material, Kleidung als auch der Proviant waren spärlich und ungenügend. Es grenzte an ein Wunder, dass ich den Einsatz unter jenen Umständen überlebte. Doch meine innere Wut härtete mich ab und stärkte meinen Willen. In den Gefechten ging ich hohe Risiken ein, war nie zimperlich bei den Überfällen auf die gegnerischen Positionen, und Gefangene machten wir keine mehr. Auch die Franco-Militärs waren nicht gut ausgerüstet, und die Legionäre und die Marokkaner vom Afrika-Heer wirkten in jenem rauen Klima, mit der für sie ungewohnten Topografie, vollkommen deplatziert. Niemand spricht gerne über den Krieg und die Erlebnisse im Kampf, weil niemand zugeben will, dass er mordete und Menschenleben auf seinem Gewissen hat. Jene Ereignisse will man in seinem Leben verdrängen und vergessen. Man versucht sie – wenn nötig – zu rechtfertigen, mit der funktionalen und hierarchischen Unterstellung in einer militärischen Kommandostruktur. Jedoch der unmoralische Akt des Tötens als solcher bleibt einem lebenslang in Erinnerung.

Einer meiner Kameraden im Bataillon war der Winterthurer Hans Hutter. Ein kompetenter Zugführer mit bereits viel Erfahrung im Krieg. Auch er kämpfte mit den Anarchisten in Aragón und bei der Verteidigung von Madrid. Er wurde auch in der Jarama- und der Guadalajara-Schlacht eingesetzt. Sein

Bruder war in Brunete, westlich von Madrid, im Juli 1937 gefallen. Jener Verlust drückte Hans schwer auf das Gemüt, und immer, wenn wir Zeit hatten, miteinander zu sprechen, erwähnte er seinen Bruder und machte sich schwere Vorwürfe, dass er es nicht habe verhindern können, dass Max auch nach Spanien gekommen war. Eine der Anekdoten, die mir Hans erzählte, war die Übernachtung mit seinem Zug am 2. Januar in einem leeren Thermalbad. Feindliche Bombardements hätten sie im Morgengrauen überrascht, und aufgrund der eisigen Kälte seien sie nicht einmal mehr fähig gewesen, in ihre gefrorenen Schuhe zu steigen, und Hals über Kopf in ihren Socken aus dem Gebäude geflohen. Tags darauf hätten ihn die Bomber beim Kleiderwaschen an einem Bergbach überrascht. Auch er und sein Zug harrten wie wir eiskalte Nächte in Erdlöchern und Höhleneingängen aus. Die Nächte, die tagsüber so sehnsüchtig erwartet wurden, um Ruhe von den Bombern zu haben und ein wenig Schlaf zu finden, der dann doch nicht eintraf, weil die Angst vor dem darauffolgenden Tag und die Ungewissheit über dessen Ausgang einen überwältigte.

Januar – März 1938
Hans Hutter wurde am 19. Januar am Berg *Muletón* durch gegnerische MG-Salven schwer verletzt und in einem Verwundetentransport in einem umgebauten Eisenbahnwaggon Richtung alicantinischer Küste wegbefördert. Auch jener Konvoi wurde, wie ich später erfuhr, trotz der deutlichen Markierung des Roten Kreuzes durch *Stukas* bombardiert. Glücklicherweise überlebte Hans auch dieses Bombardement.

Weniger Glück hatte der Schweizer Max Doppler, der Kommandant des Nachbarbataillons Hans Beimler. Er war am 21. Januar, einen Tag, bevor die Franquisten Teruel wieder einnahmen, gefallen.

Nach der Rückeroberung des Ortes wurde der Rückzug unseres Heeres befohlen, der sich auf eine chaotische Art und Weise während der nächsten Tage hinstreckte. Bei der Küstenstadt Castellón wurden wir gesammelt und in mehreren Mannschaftstransporten auf der Schiene wieder nach Albacete befördert. Die Moral der Truppe und der ganzen Republik war auf einem Tiefstand angelangt, und nur wenige glaubten noch an einen Sieg. Es war vorauszusehen, dass Franco die Republik bald zweiteilen und Katalonien vom restlichen, unbesetzten Gebiet mit der südlichen Grenze des Ebro-Flusses isolieren würde. Noch bevor Lérida als erste Stadt in Katalonien Anfang April fiel und die IV. Division von Navarra des Afrika-Heers bei Vinaroz am 15. April bis zum Mittelmeer vorrückte, wurde die ganze Interbrigaden-Basis von Albacete nach Barcelona verschoben. Franco hätte in jenem Moment den Krieg gewinnen und um ein Jahr verkürzen können. Aber trotz des Drängens vonseiten seiner Generäle, weiter nach Norden vorzustossen und Barcelona einzunehmen, weigerte sich der *caudillo* und wählte – wie schon früher im Kriegsverlauf – die Taktik des Zermürbens des Gegners ohne Eile. Das hiess konkret, dass zuerst alle eroberten Gebiete vom Widerstand und vom Feind im Hinterland mithilfe der *Falange*-Truppen «zu säubern» waren, damit sich die Machtstruktur des Regimes durch die Ausschaltung jeglicher möglicher zukünftiger Opposition festigen würde. Aber auch die republikanische Führung war an einem Herauszögern des Endes der militärischen Auseinandersetzungen interessiert, erhoffte man sich doch, dass Hitler bald mit England und Frankreich in einen Krieg eintreten würde und diese zwei Länder dann endlich ihre Nichtinterventionspolitik aufgeben und der Republik beistehen würden. Jener sehnliche Wunsch wurde aber nach der Niederlage in der Ebro-Schlacht im Sommer und dem Abkommen in München zwischen

Deutschland, Italien, England und Frankreich im September des Jahres 1938 definitiv begraben. Auch die Sowjetunion als einzig starke Verbündete von Spanien zog in jenem Jahr ihre Hilfe sukzessive zurück, weil sie aufgrund von Hitlers latenter Bedrohung in Zentral- und Osteuropa ihre militärischen Kräfte dort einsetzen musste. Es würden also noch weitere Tausende von Menschenleben in diesem Bruderkrieg geopfert werden bis zur definitiven Kapitulation der Republik.

April 1938
Nach dem Vorstoss der Franquisten bis zum Mittelmeer wurde die Verlegung des Ausbildungslagers von Albacete nach Barcelona befohlen. Die Verschiebung des Lagers fand unter der Führung von Otto Brunner statt. Anfang 1938 wurde ihm das Kommando des Ausbildungszentrums in Madrigueras bei Albacete anvertraut, und nach dessen Evakuation wurde Brunner oberster Leiter der in Barcelona stationierten Interbrigaden.

Es herrschte bereits angenehmes Frühlingswetter in der Stadt. Unsere Brigade war in einem Quartier in der Nähe von Gaudís *Sagrada Família* untergebracht. Der militärische Alltag war nun wieder langweilig. Die Armeeführung versuchte zwar, die Moral der Truppe aufrechtzuerhalten, aber irgendwie gelang dies nicht mehr. Die katalanische Hauptstadt war nun im Fokus des Feindes und wurde buchstäblich jeden Tag ziellos und flächendeckend bombardiert. Die Opfer in der Zivilbevölkerung waren enorm. Unzählige Einschusskrater auf den Strassen und zerbombte Wohnhäuser prägten das Stadtbild. Die stolze Hafenstadt war nur noch ein Schatten ihres Daseins. Die leidende Bevölkerung tat alles, um zu überleben. Alle Mittel waren recht, die Familien in jener Zeit lebend durchzubringen. Bäume und Sträucher in den Pärken und in den umliegenden Gebieten wurden abgeholzt und zu Brennholz verwertet. In den Quartieren oder im zoologischen Garten sah man keine Tiere mehr. Verwaiste Kinder und Kriegskrüppel lungerten auf den Gassen herum und baten um Almosen. Vor allem die Nächte waren schrecklich und die Sirenen heulten ununterbrochen. Die Luftabwehr war nicht in der Lage, die Metropole zu schützen. Die Nerven der Zivilbevölkerung und der stationierten Truppen waren aufs Äusserste angespannt, und man hoffte sehnlichst, dass die republikanische Regierung und der Generalstab bald etwas unternehmen würden, um Barcelona aus seiner misslichen Lage zu befreien. Trotzdem gab es immer wieder Momente, in denen wir für ein paar Stunden mit spanischen Familien zusammentrafen und Lieder anstimmten, damit wir die permanente Bedrohungssituation ein wenig mildern konnten.

Ich traf mich auch öfters mit anderen Brigadisten auf einen Schwatz oder auf ein Glas Wein. Wir Schweizer hatten unser Stammlokal in der *Bar Scandinavia*, in der Nähe der *Ramblas* im Chinesenquartier oder *Barrio Chino*. Die Beiz wurde von der Zürcherin Käthe Göbel geführt, die bereits seit den 20er-Jahren in Barcelona lebte und arbeitete. Käthe war eine fröhliche und einfühlsame Frau, die uns jederzeit zur Seite stand, wenn wir jemanden brauchten, dem wir unseren Kummer anvertrauen oder unser Herz ausschütten konnten. Ihre Nähe zu uns Brigadisten wurde Käthe im darauffolgenden Jahr, nach dem Einmarsch der Franco-Truppen, zum Verhängnis. Aufgrund einer Anzeige wurde sie festgenommen und in ein Frauengefängnis in Madrid überführt. Was schliesslich aus Käthe wurde und ob sie ihre Haft überlebte und entlassen wurde, entgeht meinen Kenntnissen.

Doch kehren wir zurück ins Kriegsjahr 1938. In einer milden Aprilnacht wurde ich Zeuge eines peinlichen Zwischenfalls in unserer Kneipe, der tödliche Folgen hatte. Ich war gerade dabei, mein letztes Glas Wein an der Theke auszutrinken, und forderte Käthe zum Kassieren auf, als sich plötzlich die Türe mit einem Schlag öffnete und ein sichtlich angetrunkener Otto Brunner wie ein Kampfstier in der Arena ins Lokal einfiel und schrie:

«¿*Dónde está este cobarde cabrón?* – Wo ist dieser feige Hund?»

Es wurde mucksmäuschenstill im Lokal.

«Ich weiss, dass du hier bist, Franz Ritter, du Deserteur!» Schaukelnd versuchte Otto, mit seinem Blick die anwesenden Gäste zu fixieren, und niemand gab nur ein Wort von sich. Als oberster Leiter der Interbrigaden auf dem Platz Barcelona war Brunner auch zuständig für die Gefangennahme der abtrünnigen und flüchtenden Soldaten. Etliche Kämpfer hatten zu jenem Zeitpunkt in der aussichtslosen Situation beschlossen, wieder in ihre Heimat zurückzukehren. Vor allem auch diejenigen, die aus der Sicht der Kommunisten keine «einwandfreie» Weste hatten und während des Kriegs auf der Seite der Anarchisten gekämpft hatten. Demzufolge hätte auch ich ein gezeichneter Brigadist sein sollen, aber aufgrund der Tatsache, dass ich mich dazumal zufälligerweise in der Nähe von Durruti befunden hatte, als jener tödlich verunfallt war und mich Brunner nachher aus der Tscheka geholt hatte, wurde ich auf unerklärliche Weise von der Geheimpolizei nie belästigt. Nicht so aber Franz. Ritter war feuriger Anhänger der Anarchisten und hatte wie ich in der Durruti-Kolonne an der Aragón-Front gekämpft. Bei den Maiunruhen im Jahr 1937 in Barcelona, als die politischen Spannungen zwischen den linken Ideologien zu bewaffneten Strassenschlachten zwischen den Kommunisten und den CNT-FAI-Anhängern ausgeartet waren, hatte sich Ritter auf die Seite der Anarchisten geschlagen. Nichtsdestotrotz war er aber später in eine reguläre Flakbatterie der republikanischen Armee eingeteilt worden und nachher an verschiedenen Kampfabschnitten im Einsatz gewesen. Seine Anwesenheit in jener Brigade war jedoch von strebsamen Parteikommunisten bemerkt worden, die ihn beim dortigen Politkommissar wegen seiner linienuntreuen Vergangenheit angeschwärzt hatten. Ritter hatte bemerkt, dass sich die Stimmung in seiner Einheit zunehmend gegen ihn gewendet hatte, und packte die Gelegenheit, sich nach Barcelona abzusetzen, als die Franco-Truppen die Meeresküste erreicht hatten und die republikanische Front in Katalonien zerfallen war. In der Hafenstadt angekommen, hatte er ein Zimmer oberhalb des *Scandinavia* bei Käthe bezogen, was der militärische Geheimdienst *SIM* zu Ohren bekommen und daraufhin sofort Brunner alarmiert hatte.

Dort stand er nun, der Kommandant Brunner, zückte seine Dienstpistole und zielte auf Ritter, der sich aber gewandt und in Sekundenschnelle mit einem Sprung durch das offene Fenster des Lokals in Sicherheit brachte. Indessen traf die abgefeuerte Kugel Karl Romoser, der nach der Winterschlacht in Teruel an Typhus erkrankt war und auf Krankenurlaub weilte und sich bei jenem Zwischenfall zufälligerweise zur falschen Zeit am falschen Ort befand. Auch der Basler Walter Studer, der mit einer Armverletzung glimpflich davonkam, wurde Opfer von Brunners unbändigem Übergriff. Jener Vorfall bedrückte Käthe schwer, denn sie wusste, dass sie sich als Kronzeugin in ihrem Lokal in einer delikaten Situation befinden würde. Wahrscheinlich wurde sie durch den militärischen Geheimdienst unter Druck gesetzt, damit sie nicht gegen Brunner aussagte. Wie man mir später erzählte, wurde Ritter an der französischen Grenze abgefangen und wegen Mord- und Spionageverdacht im Gefängnis *Modelo* in Barcelona inhaftiert. Unter der Vermittlung von Schweizer Sozialisten mit dem Regierungschef Juan Negrín und dem helvetischen Konsulat in Barcelona kam Ritter wieder frei und konnte in die Heimat zurückkehren. Der tote Romoser wurde später von der Kommunistischen Partei der Schweiz offiziell gewürdigt, und in den Parteizeitungen las man, dass ihn ein «bekannter Trotzkist mit seiner Bande» kaltblütig niedergeschossen habe. Die Stimmung im *Scandinavia* war nachher nicht mehr die gleiche wie vor jenem Zwischenfall, und in den folgenden Tagen vermied ich es, das Lokal zu besuchen.

Stattdessen machte ich mich während meiner dienstfreien Zeit auf die Suche nach Fernando. Die Nachforschungen über den Verbleib meines Freundes waren nicht einfach. Die Durruti-Kolonne existierte als solche nicht mehr und war in die republikanische Armee integriert worden. Das ehemalige Hauptquartier war aufgelöst worden, und ich musste mich bei Dutzenden von anderen Militärstellen durchfragen. Niemand wollte mir so recht Auskunft geben, wahrscheinlich aus Angst, dass ich zur militärischen Geheimpolizei gehören könnte. Ich war mir auch nicht sicher, ob sich Fernando in Barcelona befand oder an irgendeinem Frontabschnitt im Land im Einsatz war. Daraufhin begann ich, verschiedene Militärlazarette abzuklappern.

Tatsächlich traf ich eines Abends auf ihn, als er gerade dabei war, ein zu einem Spital umgebautes Gebäude unweit der *Ramblas* zu verlassen. Fernando war in der Zwischenzeit in den Rang eines Hauptmanns aufgestiegen, und ich erkannte ihn erst auf den zweiten Blick, weil er sich einen Vollbart hatte wachsen lassen und ich mir nicht vorstellen konnte, dass mein Anarchistenfreund sein Übergewand für eine Offiziersuniform umgetauscht hätte. Seine Gesichtszüge waren streng und gekennzeichnet durch die Strapazen des Krieges; er sah sichtlich älter aus, wie wir wohl alle auch, als dazumal, wo ich ihn in der Tscheka in Madrid zum letzten Mal gesehen hatte.

Wir umarmten uns brüderlich, und Fernando rechtfertigte sich sofort:

«*Es solamente apariencia para sobrevivir y ganar esta maldita guerra, André.* Alles nur Schein, um zu überleben und diesen verfluchten Krieg zu gewinnen, André.»

Ich wäre der Letzte gewesen, der ihm dafür einen Vorwurf hätte machen können. Wir brachen beide in herzliches Lachen aus, als ich ihn in einer übertriebenen militärischen Art und Weise grüsste und ihm vorschlug, zusammen einen Spaziergang zu machen und uns von unseren Erlebnissen zu erzählen. Fernando begann, von seinen Erfahrungen in den Frontlazaretten zu berichten. Die schrecklichen Bilder von Soldaten mit verstümmelten Gliedern oder den entstellten Leichen seien schwer aus dem Kopf zu bringen. Seine Bilder vom Krieg hätten denjenigen geglichen, die Francisco de Goya im vorherigen Jahrhundert beim Einmarsch der napoleonischen Truppen in Spanien in seinen Radierungen «*Desastres de la Guerra*, Kriegstragödien» dargestellt habe. Schwer habe es auf seinem Gewissen gelastet, jeweils zu entscheiden, welche Verwundeten zuerst operiert und bei welchen aus Zeit- und Ressourcengründen ein Eingriff habe aufgeschoben werden müssen, wohlwissend, dass diejenigen, die auf eine chirurgische Intervention warten müssten, nicht überleben würden. Er wisse auch nicht, wie viele Operationen er in den vergangenen Kriegsmonaten bewältigt habe, doch es müssten Hunderte gewesen sein. Jeder Eingriff sei der wichtigste in seinem Leben gewesen. Jedes Mal sei es um ein Menschenleben, einen unserer Kämpfer, einen Kameraden und Antifaschisten gegangen.

Wir sprachen bis tief in die Nacht hinein über alles, was uns dazumal bewegte, und Fernando stellte schliesslich in einem melancholischen Ton fest:

«*André, esta guerra está perdida. Luchamos solos, con insuficientes medios y sin una dirección unánime.* André, diesen Krieg haben wir verloren. Wir sind auf uns selbst gestellt, ohne genügend Mittel und ohne eine einheitliche Führung.»

Als wir uns zum Abschied, beide mit wässrigen Augen, umarmten, ahnten wir, dass wir uns wohl nie mehr wiedersehen würden.

Juli 1938

Mit einem Plan des kompetenten Stabschefs General Vicente Rojo bäumte sich die republikanische Armee mit einem Schwanengesang noch einmal mit aller Kraft gegen den Feind auf und startete im Juli 1938 die Offensive am Ebro. Die Schlacht am Ebro dauerte rund einhundert Tage und spielte sich in dem unwegsamen Gebirgskorridor der *Terra Alta* im Süden von Katalonien um die Stadt Gandesa ab. Die Absicht der Armeeführung war es, Katalonien aus der Zange der Franco-Armee zu befreien und die anderen Fronten im Land durch die so forcierte Truppenkonzentration der Franquisten am südlichen Zipfel der Region zu entlasten. Die Kämpfe am Ebro wurden zur «Schlacht der Schlachten» und waren, was den Einsatz von Material und Streitkräften betraf, die grössten und bedeutendsten Gefechte im Bürgerkrieg. Hunderte von frisch mobilisierten jungen Soldaten vor allem aus Katalonien («*La Quinta del Biberón*» oder «die Rekruten, die eigentlich immer noch den Schoppen bräuchten», wie dies die Exministerin Federica Montseny ironisch kommentierte) wurden zu den Waffen gerufen. Die Offensive hätte die letzte Gelegenheit der Republik sein können, doch noch eine Wendung im Kriegsverlauf zu erzielen. Die Regierung hatte sich mit jener militärischen Strategie erhofft, Zeit zu gewinnen, damit die europäischen Demokratien Deutschland und Italien endlich den Krieg erklären und so den Franquisten die Unterstützung unterbinden würden.

So, wie in Teruel die Kälte unser Hauptfeind war, kämpften wir am Ebro gegen die höllische Sommerhitze. Der Wassermangel in den Stellungen in den Hügelzügen trocknete unsere Körper und Seelen aus, und der Durst brachte uns an den Rand des Wahnsinns. Tagsüber schnarrten die Zikaden und nachts begleiteten uns die Grillen in unserem Delirium. Wie durch ein verschleiertes Alarmzeichen ausgelöst, verstummten die Insekten jeweils unmittelbar vor einem gegnerischen Angriff. Ich kommandierte einen leichten MG-Zug. Während der ganzen Dauer der Ebro-Schlacht wurden Angriffe und Gegenangriffe ausgelöst, die für keine der beiden Kriegsparteien bis zum Ende der Kampfhandlungen und zum Rückzug der republikanischen Armee entscheidende Durchbrüche brachten. Auf unserer Seite konnten wir durch geschickte Überraschungstaktiken vor allem zu Beginn wichtige Positionen auf der Südflanke des Ebro-Flusses erkämpfen. Jene Stellungen mussten wir aber jeweils bald wieder aufgeben, weil die Franquisten neue Verbände mobilisierten und wir ihrer materiellen und technischen Übermacht nicht standhalten konnten. Die gegnerischen Angriffe liefen stets in gleicher Abfolge ab. Zuerst wurden unsere Positionen durch ein intensives und stundenlanges Artilleriefeuer, unterstützt durch die deutschen Bomber, beschossen, und danach folgte der Angriff der Infanterietruppen. Doch auch unsere Brigaden hatten gelernt, effektive Stellungen auszubauen, die nicht so einfach einzunehmen waren. Leider fehlte uns aber unsere Luftunterstützung. Wir hatten keine Ahnung, warum die Flugwaffe bei unseren Angriffen meistens ausblieb, und die fehlende Koordination zwischen den verschiedenen Truppenverbänden wurde uns letztlich, einmal mehr, zum Verhängnis.

Die menschliche und materielle Abnützung auf beiden Seiten war verheerend. Etliche meiner Kameraden fielen im Kampf. Darunter auch viele Schweizer.

Mein letzter Kampftag am Ebro wurde durch ein Missverständnis erzwungen. Unser Bataillon bekam den Auftrag, ein kleines Dorf, dessen Namen ich vergessen habe, einzunehmen. Es war vier Uhr in der Früh und das Licht war noch nicht erschienen, als die Tagwache befohlen wurde. Die Soldaten meines Zuges schwiegen noch schlaftrunken in sich hinein. Der Neumond versteckte sich hinter einer Bergkuppe, und es herrschte immer noch stockfinstere Nacht. Eine unheimliche Stille umgab unsere Stellungen und die nahen Hügelzüge. Nicht einmal das frühmorgendliche Vogelgezwitscher oder das sommerliche nächtliche Grillenkonzert begleitete uns an jenem Morgen. Das war bestimmt kein gutes Omen, dachte ich bei mir. Bei der Befehlsausgabe am Abend zuvor mit den Offizieren hatte mein Zug den Auftrag gefasst, als Vorhut die südliche Häuserfront des Weilers anzugreifen und von feindlichen Elementen zu säubern. Die anderen Züge unserer Einheit würden uns dann in einer zweiten Welle verstärken und die voraussichtlichen Gegenangriffe von Norden her blockieren. Sobald wir das Dorf in einem Überraschungsangriff eingenommen hätten, sollten wir eine rote Fahne auf einem von Süden her gut ersichtlichen Objekt anbringen, als Zeichen dafür, dass sich keine gegnerischen Soldaten mehr im Dorf aufhielten und das ganze Bataillon nachrücken könne. Vor dem Aufbruch am nächsten Morgen informierte ich meinen Zug über den bevorstehenden Angriff und gab die Befehlsdetails an die vier Gefechtsgruppen weiter. Das rote Fähnlein vertraute ich Knut Schmitt an, einem flinken Werftarbeiter aus Bremen.

Um fünf Uhr dreissig kommandierte ich zum taktischen Verschieben. Durch den unbemerkten, getarnten Vorstoss und den nachfolgenden Überraschungsangriff konnten wir den Feind überrumpeln und die wenigen Soldaten, die die Südstellungen des Dorfes gehalten hatten, kampfunfähig machen. Nach einem kurzen, aber intensiven Feueraustausch rückten wir in den Ort ein. Ich gab Knut ein Zeichen, dass er loslaufen und etwa fünfhundert Meter von uns entfernt, hinter der Häuserfront, den an einem Holzstab angebrachten Stofffetzen fixieren sollte. Leider konnte ich nicht wissen, dass ein feindlicher Scharfschütze, der ausserhalb des Dorfes in einer versteckten Stellung gelegen hatte, mit einem gezielten Kopfschuss den armen Knut von seinem Vorhaben abhielt. Der Vorfall wurde von niemandem von uns bemerkt, weil er ausserhalb unserer Sichtweite erfolgt war. Obwohl wir den Schuss, wohl unbewusst, wahrgenommen hatten, nahm niemand an, dass dieser unserem Kameraden gegolten haben könnte. Wir harrten der Dinge und warteten auf die geplante Verstärkung. Ich war unschlüssig, ob ich einen Trupp aussenden sollte, um festzustellen, ob Knut seinen Auftrag erfüllt hatte. Doch wollte ich das Risiko nicht eingehen, uns zu trennen, um die konzentrierte Feuerkraft des Zuges nicht zu verlieren. Als die Unterstützung nach zwei vollen Stunden noch nicht eingetroffen war und wir auch keine gegnerischen Truppenbewegungen beobachteten, gab ich den Befehl zur Verschiebung in Richtung des nördlichen Dorfteils. Auf dem Weg dahin fanden wir den toten Knut mit der Fahne in den Armen, und blitzartig wurde mir klar, dass wir uns in einem Hinterhalt befanden. Sofort warfen wir uns in Deckung und beobachteten die umliegenden Häuser und das Terrain. Kein Feind war zu sehen, und ausser dem grellen, in regelmässigem Abstand mehrmals hintereinander ertönenden Ruf eines Vogels war es still. Vorsichtig und mit angeschlagenen Gewehren gingen wir weiter Richtung Dorfmitte. Unsere Fassungslosigkeit war gross, als wir auf dem leerstehenden Dorfplatz bemerkten, dass wir vom Gegner, der sich in den Häusern eingenistet hatte, umzingelt waren. Widerstand zu leisten war zwecklos, weil wir die feindlichen Positionen nicht genau ausmachen und ihre Mittel und Stärke nicht abschätzen konnten. Zudem gab es auf dem Dorfplatz auch keine genügenden Deckungsmöglichkeiten. Unsere Verstärkung traf immer noch nicht ein, und es blieb uns nichts anderes übrig, als die Waffen abzulegen und uns mit erhobenen Händen dem Feind zu ergeben.

Dennoch hatten wir Glück im Unglück. Es fiel kein einziger Schuss. Die feindliche Einheit, die uns jene Falle gestellt hatte, war der Nordarmee der Franquisten unterstellt und nicht ein *tabor* der Legion oder sogar ein marokkanischer Trupp, mit denen ich ja bereits Bekanntschaften auf dem Schlachtfeld gemacht hatte. Wahrscheinlich hätten uns die Legionäre oder die *moros* kurzerhand erschossen oder uns die Kehle durchgeschnitten. Wenn nicht die Soldaten, so hätte ich sicherlich als Offizier daran glauben müssen. Der Korporal, dem wir übergeben wurden, behandelte uns nicht gerade zimperlich, doch unser Leben war vorerst in Sicherheit. Nachdem wir unsere Waffen auf einem Lastwagen deponiert hatten, wurde jeder von uns gründlich gefilzt und aufgefordert, mit erhobenen Armen in Einerkolonne in Richtung auf das nördlich liegende Nachbardorf zu marschieren. Dort angekommen, wurden wir in einer Scheune unter der Aufsicht eines Wachkorporals und drei Soldaten eingeschlossen. Da wir alle Ausländer waren, gingen unsere Aufseher davon aus, dass wir ihre Sprache nicht verstünden. Einer der Wachleute fragte den Korporal, was jetzt mit uns *rojos* wohl passieren würde.

«*Al caer el sol, los llevarán a Burgos.* Heute Abend werden sie nach Burgos abtransportiert.»

Für uns war dieser Krieg nun definitiv beendet und verloren. Wir schwiegen alle resigniert in uns hinein. Die Angst und die Ungewissheit über unser weiteres Ergehen überdeckten unsere Müdigkeit und den Hunger. Die Bilder von der Tscheka flammten wieder in meinen Gedanken auf. Gegen Abend präsentierte sich ein Leutnant einer Transporteinheit vor Ort und befahl uns, auf den letzten der bereitgestellten Lastwagen zu steigen. Wir gehorchten stumm und stiegen auf den Militärlastwagen, wo sich bereits etwa zwanzig abgekämpfte Brigadisten aus anderen Einheiten befanden und mit denen wir eine lange Nacht- und Tagesreise antraten. Der Platz auf der Ladefläche des Lastwagens war so beschränkt, dass wir nur zur Hälfte abwechslungsweise sitzen konnten, während die andere Hälfte der Mannschaft die strapaziöse Reise im Stehen aushalten musste. Ich war orientierungslos und wusste nicht, welche Route der Militärkonvoi einschlug, nahm aber an, dass wir zuerst Richtung Süden fuhren, bevor wir nach Nordosten nach Zaragoza abschwenkten und am Abend des darauffolgenden Tages die zwei Spitztürme der gotischen Kathedrale von Burgos am Horizont erblickten. In der in Nordkastilien gelegenen Provinzstadt Burgos befand sich die *Junta de Defensa Nacional*, der Regierungssitz der Franquisten während des Kriegs über die eroberten Gebiete. Später erfuhr ich, dass in derselben Stadt am 14. März 1939, also noch vor dem offiziellen Ende des Bürgerkriegs, der Schweizer Diplomat Eugène Broye am Sitz von General Franco empfangen werden und dort feierlich die diplomatischen Referenzen präsentieren würde. Unsere Landesregierung würde bereits einen Monat zuvor, am 14. Februar, als eine der ersten Nationen die Regierung Francos in voreiliger Gehorsamkeit anerkennen.

September 1938
Endlich kamen wir an unserem Ziel an. Das alte Klostergebäude von San Pedro de Cardeña befindet sich unweit von Burgos, in einem abgelegenen Tal, und wurde vom Franco-Regime zu einem Lager umfunktioniert, in dem ich in den nächsten Monaten mit weiteren Hunderten von republikanischen Soldaten gefangen gehalten und misshandelt werden sollte. Schreiende Unteroffiziere nahmen uns in Empfang und forderten uns auf, in Einerkolonnen in Richtung eines Seitengebäudes der Klosteranlage zu marschieren. Einige von uns waren verletzt und konnten nur langsam vorangehen. Doch das war den Wächtern egal, und sie schlugen den Soldaten mit ihren Gewehrkolben auf ihre Rücken ein, damit sie sich beeilten.

Die Nacht verbrachten wir ohne Strohsäcke, zusammengepfercht auf dem nackten Steinboden. In unserem Schlafraum waren Brigadisten aus allen Ländern untergebracht. Doch es herrschte eine bedrückende Stille, als wären die Sprachen der Welt wie vom Erdboden verschwunden, und man vernahm nur das leise Wehklagen der Verletzten.

Im Morgengrauen wurden wir geweckt und mussten uns auf dem Platz vor der Klosterkirche in Blockaufstellung formieren. Im gleichen Moment strömten Hunderte von spanischen republikanischen Mitgefangenen aus anderen Gebäuden heraus, die sich alle zum Appell begaben. Später machte ich Bekanntschaft vor allem mit Basken und asturianischen Landsleuten, die während der Nordoffensive in Gefangenschaft geraten waren. Nachdem sich alle Soldaten auf dem Vorplatz eingefunden hatten, stimmte ein kleines Militärspiel die faschistische Hymne *Cara al Sol* an, und als die Melodie verklungen war, schrie ein Offizier

«*España*», auf das die Gefangenen antworteten
«*¡Una!*», und ein zweites

«*España*» mit der Antwort
«¡*Grande!*», und ein drittes
«*España*», das mit
«¡*Libre!*» erwidert wurde.
Nachher brüllte der Offizier, die Hand erhoben zum Faschistengruss,
«¡*Arriba España! Viva Franco!*»
Daraufhin präsentierte sich ein Franziskanermönch in einer braunen Kutte und hielt einen zwanzigminütigen Diskurs über die Vorzüge und die Überlegenheit des Faschismus und warum die Demokratie und der Kommunismus zu verabscheuen seien. Immer wieder lobpries er den «glorreichen» Aufstand der Militärs und den nationalen Kreuzzug gegen die Ungläubigen und die Feinde von Spanien. Seine Rede beendete er mit den katholischen Messeworten *in nomine Patris et Filii et Spiritus Sancti*, bekreuzigte sich und trat zu der Offiziersgruppe zurück.

An jenem ersten Morgen im Konzentrationslager wusste ich noch nicht, dass sich der Appell mit obligatorischem Fahnengruss täglich in gleicher Weise wiederholen würde und Teil eines ideologischen Rehabilitierungsprogramms des Faschistenregimes war und dazu diente, uns «abtrünnige» Männer umzuerziehen. Jenes Programm wurde vom Lagerarzt Antonio Vallejo Nájera entwickelt, der mit seinen Experimenten an Mitgefangenen zu beweisen versuchte, dass der Marxismus eine ansteckende Krankheit gewesen und die Umerziehung oder Ausrottung der «infizierten Elemente» notwendig sei und der Überlegenheit der spanischen Rasse und Kultur diene.

Das Lagerleben war grauenhaft und verdiente die Bezeichnung Leben nicht. Nicht nur die mangelnden hygienischen Installationen (es gab nur gerade eine Latrine für die ungefähr dreihundert Insassen in unserem Trakt), sondern auch das Essen, normalerweise eine Mahlzeit pro Tag, war kalorienarm und ekelhaft. Mehrmals fand ich Maden in der flauen Brühe, die wir aus unserem persönlichen Feldteller zu uns nahmen. Das Trinkwasser war meist abgestanden, und Wasser zur körperlichen Hygiene oder zur Reinigung des Geschirrs gab es nicht. Flöhe und anderes Ungeziefer drangen in unsere Kleider und nisteten sich im Körper ein. Wir hatten keine Möglichkeit, unsere Kleider zu waschen oder zu wechseln. Kein Wunder, dass wir Gefangenen sichtlich an Gewicht verloren und zahlreiche sogar an Typhus oder Cholera erkrankten. Die meisten der Infizierten überlebten die Strapazen nicht. Die Leichen wurden jeweils im Morgengrauen von uns Mitgefangenen und unter Aufsicht eines Wächters aus dem Kloster gebracht und in einem Massengrab unweit der Anlage verscharrt.

Neben den körperlichen Qualen mussten wir die konstanten Erniedrigungen und die Demütigungen durch unsere Wärter ertragen. Etliche zeigten sadistische Züge und behandelten uns wie den letzten Dreck. Sie nannten uns *perros rojos*, rote Hunde, und schlugen mit ihren Stöcken bei geringstem Widerstand, einer unangemessenen Antwort oder einem nicht genehmigten Blick auf uns ein. Besonders aggressiv reagierten die Wächter, wenn man ihnen den faschistischen Gruss verweigerte. Die Angst, in der Nacht von einem *pelotón*, einem Trupp, zu einem *paseo*, einem «Spaziergang», abgeholt zu werden, der mit der Erschiessung an der Friedhofsmauer enden würde, war allgegenwärtig. Die Repressalien der Faschisten an uns Häftlingen waren besonders markant, während die Ebro-Schlacht noch andauerte und die Republikaner noch militärische Teilerfolge für sich verbuchen konnten.

Am 15. November zog sich die republikanische Armee am Ebro zurück. Die Taktik, mit einer Grossoffensive aus dem Zangengriff herauszubrechen und die gegnerische Truppenkonzentration auf eine Region im Land zu lenken, ging – wieder einmal mangels Koordination und Ressourcen – nicht auf. Weitere Tausende von Soldaten auf beiden Seiten wurden in den Schlachten geopfert. General Franco weigerte sich mehrmals, direkte und indirekte Friedensgespräche aufzunehmen, und forderte die unbedingte Kapitulation der Republik. Aufgrund eines Beschlusses des Nichtinterventionspaktes, in dem sich alle fremden Parteien aus Spanien zurückziehen sollten, wurden die Internationalen Brigaden demobilisiert und bereits am 28. Oktober in einem Defilee in Barcelona offiziell verabschiedet. Unter anderem mit einer flammenden Rede von Dolores Ibárruri, *la Pasionaria*, die den aufopfernden und uneigennützigen Einsatz der Brigadisten glorifizierte. Einmal mehr wurde ein internationaler Beschluss nur von der einen Seite befolgt. Franco startete seine letzte Offensive in Katalonien mithilfe der Flugwaffe seiner Verbündeten. Mitte Januar 1939 fiel Tarragona und am 26. Januar Barcelona. Die republikanische Regierung machte sich auf den Weg ins Exil nach Frankreich. Wie auch Tausende von zivilen Flüchtlingen und Militärs, die ihre Waffen niedergelegt hatten und desertierten. Die republikanischen Generäle weigerten sich, weiterzukämpfen, obwohl dies der immer noch amtierende Ministerpräsident Dr. Juan Negrín mit seiner Devise «*¡Resistir es vencer!* – Durchhalten heisst siegen!»anordnete. Daraufhin putschte Oberst Casado in Madrid gegen die Regierung und nahm mit Franco Kontakt auf, um die Kapitulation in die Wege zu leiten. Für die Republik gab es nichts mehr zu retten. Am 28. März zogen die Franco-Truppen widerstandslos in Madrid ein, und am 1. April erklärte der *generalísimo* offiziell das Ende des Bürgerkriegs. Wenige Wochen später, wie ich nachher in der Presse las, würde jener «Triumph» mit einem pathetischen Siegesdefilee, *el gran desfile de la victoria*, in der spanischen Hauptstadt zur Schau gestellt.

Für mich folgten aber vorher noch leidvolle Monate im Lager, die ich wahrscheinlich kaum jemals aus meinen Erinnerungen werde verdrängen können. Ich war nicht der einzige Schweizer in San Pedro de Cardeña. Wir waren derer elf und kommunizierten miteinander, wann immer wir die Gelegenheit dazu hatten.

Unter meinen Landsleuten war Otto Hafner, der als Verdingkind in der Schweiz aufgewachsen war und als Türsteher und Kofferträger in verschiedenen europäischen Hotels gearbeitet hatte. Im Krieg wirkte er als offizieller Dolmetscher im Kommando der XI. Brigade. Er erzählte mir, dass er sich bei der Festnahme in jener Aprilnacht, beim Vorstoss der Faschisten ans Mittelmeer, als Spanier ausgegeben habe und er wahrscheinlich wegen seiner akzentfreien Sprechweise dem Tod entkommen sei, weil alle anderen ausländischen Kameraden in seiner Einheit kurzerhand erschossen worden seien.

Im Dezember 1938 präsentierten sich an einem Morgen im Lager Repräsentanten der deutschen Hitler-Regierung, die alle Deutsch sprechenden Gefangenen in Einzelabfertigung einvernehmen wollten. Mein Kreuzverhör dauerte lange, doch aufgrund meiner Nationalität und meiner wenig auffälligen politischen Vergangenheit in der Schweiz wurde ich in Ruhe gelassen. Etliche deutsche Kameraden jedoch traf ein bitteres Los. Die Agenten waren Abgesandte der Geheimen Staatspolizei, die mit dem Franco-Regime zusammenarbeiteten. Lag ein Beweis oder auch nur der Hauch eines Verdachts vor, dass die Brigadisten in der kommunistischen Partei aktiv, Juden waren oder sich irgendwie negativ zur faschistischen

Ideologie geäussert hatten, wurden sie in der darauffolgenden Nacht hingerichtet.

Ein grosser Anteil der Brigadisten waren Nordamerikaner oder Engländer. Mir schien, dass jene Internierten mehr Glück gehabt hatten als wir Schweizer und die Deutschen, denn sie wurden bald mit gefangenen Franco-Soldaten, die in republikanischen Gefängnissen inhaftiert waren, unter aktiver Vermittlung ihrer Regierungen ausgetauscht und freigelassen. Wir Schweizer wurden von unserem Mutterstaat regelrecht ignoriert. Mehrmals versuchten wir, via Lagerkommando das Schweizer Konsulat in San Sebastián zu kontaktieren, schrieben etliche Briefe nach Bern oder näherten uns Vertretern anderer Nationen.

Zweimal besuchten Delegierte des Roten Kreuzes San Pedro de Cardeña. Natürlich wollten die Lagerbehörden bei jenen Gelegenheiten einen guten Eindruck hinterlassen und zeigten den Vertretern nur diejenigen Installationen, die sie für die Gelegenheit aufbereitet und vorzeigbar gemacht hatten. Uns Gefangenen gab man vor laufender Kamera Orangen, die uns dann jedoch wieder weggenommen wurden, als die Delegierten mit ihrem Filmgerät abreisten.

Der kastilische Winter brach ein, und bereits Mitte November begann es zu schneien. Die Kälte drang gnadenlos in das alte Klostergebäude ein, wo sie eisig während Wochen verharrte. Dutzende von Mitgefangenen starben hin, geschwächt nach leidvollen Krankheiten und zu kraftlos, um unter diesen Umständen weiterzuleben. Niedergeschlagen und ohne grosse Hoffnung auf eine baldige Freilassung versuchte ich, mich möglichst unscheinbar dem Lagertrott einzuordnen. Fernab war ich in Gedanken an meine Heimat, meine Exverlobte, meine Familie, meine kurze Liebe in Spanien und all die schwierigen Momente, die ich im Krieg erlebt hatte. Alles war zeitlich so nahe und intensiv geschehen, aber doch so fern, dass es mir vorkam, als lebte ich bereits in einem anderen Leben und in einem anderen Ich. Unaufhörlich dachte ich über die Zufälligkeiten nach, mit denen sich meine Erlebnisse in Spanien gekreuzt hatten. Gab es einen Gott, der das Weltgeschehen steuerte und trotzdem so viel Ungerechtigkeit auf Erden zuliess? Diese Frage wurde mir auch in den obligatorischen katholischen Sonntagsmessen in der Klosterkirche nicht beantwortet. Eine unbeschreibliche Frustration und Enttäuschung überkam mich, je länger ich in jener Anstalt verblieb. Der verlorene Glaube an die Menschheit, an all die Werte, die ein Leben lebenswert machen, die zynischen Ideologien und die Feigheit von Politikern und Regierungen nisteten sich tief in meiner Seele ein.

Februar 1939
Anfang Februar wurden wir Schweizer zum Lagerkommandanten zitiert, der uns mit einer kurzen, mit pompösen Phrasen geschmückten Ansprache aus dem Konzentrationslager entliess. Nach Monaten langer Vermittlungen hatte das Internationale Rote Kreuz uns Schweizer gegen in der Republik inhaftierte italienische Soldaten freigehandelt. Zusammen mit einer Gruppe Kanadier und einem Vertreter der Hilfsorganisation wurden wir nach San Sebastián transportiert. Der Alptraum dauerte jedoch für uns noch gute zehn Wochen an. In der baskischen Hafenstadt wurden wir im *Ondarreta*-Verlies eingekerkert, wo wir Schweizer auf engstem Raum in einer dunklen Zelle dahinvegetierten. Der veraltete Gefängnisbau befand sich unmittelbar am Meeresufer, und unser Kerker lag im Untergeschoss. Jedes Mal, wenn Unwetter aufzogen und die Brandungswellen höherschlugen, wurde das Gebäude durch das Sanitäranlagensystem überschwemmt. Als sich dann das Wasser wieder zurückzog, hinterliess es einen uner-

träglichen Gestank nach Fäkalien und eine Feuchtigkeit, die sich in unseren Gliedern festsetzte.

Endlich, am 5. April 1939, also vier Tage nach dem offiziell deklarierten Kriegsende, wurden wir in Busse verfrachtet und an die französische Grenze bei Irún gefahren. Müde, leidend und in einem desolaten Zustand überquerten wir die Brücke über den Fluss Bidassoa. Ich schaute noch einmal zurück in jenes Land, das mir trotz des Kriegs ans Herz gewachsen war und für dessen Freiheit ich fast drei Jahre gekämpft hatte und das mich nun in jener jämmerlichen Verfassung würdelos abschob. Was würde wohl mit all meinen zurückgelassenen Kameraden und Menschen, die ich kennengelernt und liebgewonnen hatte, geschehen, nachdem nun ein brutales Militärregime unter dem Diktator Francisco Franco Bahamonde die Macht über das ganze Land an sich gerissen hatte? Einige waren inbrünstige Republikaner, andere gehörten nicht einmal einer politischen Partei an und hatten sich nur eine bessere Zukunft für sich und ihre Kinder ersehnt. Würden nun Jahre des Friedens und der nationalen Versöhnung der Bevölkerung in Spanien folgen, oder aber würden nun die Jahre des Sieges der Faschisten anbrechen, in denen die uneingeschränkte Macht zementiert und Andersdenkenden Repressalien auferlegt würden? Würden nun frei denkende Menschen in Schauprozessen, wenn überhaupt, verurteilt, hingerichtet, mundtot gemacht oder dazu gedrängt werden, als einzige Möglichkeit, um zu überleben, das ausländische Exil zu wählen? Würde das neue Regime vorbereitet sein, das brachliegende Land wirtschaftlich aus eigener Kraft wiederaufzubauen, damit sich die hungernde Bevölkerung genügend Essen und ein Dach über dem Kopf leisten könnte? Vermutlich würde eine düstere Zeit in Spanien anbrechen. Mir kamen unentwegt die vom Krieg verursachten Grausamkeiten und die schockierten Figuren mit ihren zerfurchten Mienen der schwarzen Gemälde von Goya in den Sinn, die der Maler im frühen neunzehnten Jahrhundert in geistiger Umnachtung und in einem anderen historischen Kontext gemalt hatte, die aber auch wiederum in unserem Zeitalter ihre symbolische Gültigkeit hatten und die Wirklichkeit des Zustandes im Land bedeutungsvoll abbildeten.

Auf französischem Hoheitsgebiet angekommen, wurden wir kalt und mit abschätzigem Blick vom Schweizer Gesandten Broye empfangen. Er gab uns vorwurfsvoll zu verstehen, dass wir uns aus eigener Schuld in jene Situation verwickelt und auf der falschen Seite gekämpft hätten. Im Gegensatz zu unseren kanadischen Kameraden, die sofort mit Zigaretten und neuen Kleidern von ihrem Abgesandten versorgt wurden, drückte der schweizerische Landesvertreter jedem von uns dreissig Francs in die Hand und verschwand dann wieder. Mein Kamerad Max Allenspach hatte nicht einmal mehr Schuhe getragen und betrat Frankreich mit um die Füsse gewickelten Wollfetzen. Glücklicherweise war auch ein englischer Konsulatsbeamter vor Ort, der uns mitleidvoll saubere blaue Overalls aushändigte, damit wir einigermassen vorzeigbar in einem Restaurant etwas essen gehen konnten.

Noch am gleichen Abend reisten wir mit dem Zug weiter nach Bordeaux, wo wir vom Schweizer Vizekonsul Rusterholz erwartet wurden. Er war entsetzt über unser erbärmliches Aussehen, und wir wurden mit genügend Proviant verpflegt, mit dem wir nachher in einem Zug unter der Aufsicht von zwei Polizeibeamten unsere Heimreise Richtung Genf antreten konnten. Am 7. April überquerten wir die Schweizer Grenze. Unmittelbar nachher wurden wir von Zollbeamten in Haft genommen.

Wenige Wochen später wurde ich vor das Militärgericht gestellt. Rechtsanwalt Dr. Zumtor verteidigte mich kompetent und plädierte auf Strafminderung, weil ich politisch nie aktiviert hätte und nach Spanien gefahren sei, um Arbeit zu suchen. Zudem sei ich nur unfreiwillig, ausgelöst durch äusseren Druck, in einen fremden Krieg hineingezogen worden.

In einer Woche werde ich aus der Haft entlassen. Die spanischen Faschisten haben mithilfe von Hitler und Mussolini gesiegt, und die Republik ist ohne die Unterstützung durch die wichtigsten demokratischen Staaten zerbrochen und untergegangen. Ich glaube, dass der Krieg in Spanien nur ein Vorspiel war von etwas viel Zerstörenderem, das in Europa und auf der ganzen Welt aufzubrodeln beginnt. Hoffentlich wird die neutrale Schweiz nicht in die weltweiten Wirren miteinbezogen. Trotzdem will ich dieses Mal mein Schicksal selbst bestimmen und in die Hand nehmen. Ich will mich von jeglichem potenziellen militärischen Konflikt fernhalten. Weit weg will ich reisen, in einen Kontinent, der, nach aussen hin wenigstens, etwas stabiler wirkt. Vielleicht werde ich mich nach Süd- oder Mittelamerika einschiffen, in ein Land, wo ich Distanz gewinnen und ein neues Leben beginnen kann.

Witzwil, 18. Juli 1939 (am 3. Jahrestag des Militärputschs in Spanien)

Der Brief

Señor André Jobin
Avenida 7, Calle 11
San José – Costa Rica

Mein lieber André

Du bist sicherlich erstaunt darüber, dass ich dir nach so langen Jahren ein Lebenszeichen sende, und wirst dich wohl fragen, warum du gerade jetzt diesen Brief erhältst.

Auf dem ganzen Erdball geschahen epochemachende Ereignisse, die die alte Welt, wie wir sie in unserer Kindheit und den Jugendjahren erlebt und in Erinnerung haben, heute so nicht mehr wiedererkennen lassen. Der Zweite Weltkrieg und sein Vorspann auf der Iberischen Halbinsel haben auch unsere Leben beeinflusst und verändert. Unser gemeinsamer Bekannter, Rechtsanwalt Dr. Zumtor, der dich ja auch nach deiner Rückkehr aus Spanien vor dem Militärgericht verteidigt hatte, händigte mir deine aktuelle Adresse aus. Seine Frau Claudia, mit der ich immer noch Kontakt pflege, erzählte mir die eine oder andere Geschichte, die du im Spanienkrieg erlebt hattest. Ich kann deinen Entschluss gut verstehen, dass du nach deinem Gefängnisaufenthalt ausgewandert bist, um nicht noch einmal zum Waffendienst gerufen und wieder in einen Krieg hineingezogen zu werden. Deine Enttäuschung und Frustration, dass dich dein Heimatland in keiner Weise während und nach deiner Spanienfahrt gestützt hatte, mag jene Entscheidung wohl noch forciert haben. Auf jeden Fall hattest du dein fernes Ziel in Zentralamerika gut ausgewählt und richtig geahnt, dass über ganz Europa nach deiner Freilassung bald ein teuflischer Krieg wüten sollte, der Elend und ein gewaltiges Blutvergiessen verursachen würde. Wir in der Schweiz sind ja glücklicherweise von den Wirren verschont geblieben, aber sie hätten uns durchaus auch ergreifen können, wenn Hitler den Russlandfeldzug siegreich zugunsten Deutschlands hätte entscheiden können.

Aber was schreibe ich dir auch, was du nicht schon wüsstest! André, ich wünsche von ganzem Herzen, dass es dir in deinem neuen Leben fernab der Schweiz gut geht und du deine tragischen Kriegserlebnisse verarbeiten konntest, soweit dies nur immer möglich ist.

Hast du eine Familie? Entschuldige die direkte Frage. Es geht mich ja nichts an.

Ich hoffe, dass du mir meinen fluchtartigen Abgang von damals inzwischen vergeben hast. Wenn nicht, kann ich das gleichermassen gut verstehen und muss dies akzeptieren. Es war nicht richtig von mir, dass ich dich damals, ohne weitere Erklärungen, alleingelassen habe. Aber was geschehen ist, ist geschehen, und wir können den Lauf der Zeit bekanntlich im Nachhinein nicht mehr zurückstellen und beeinflussen.

Unsere Gewerkschaft offerierte mir damals die Möglichkeit, als Delegierte von der Sektion Bern die Internationale Leninschule in Moskau zu absolvieren. Das war für mich dazumal das Höchste, was mir in meinen jungen Jahren passieren konnte. Wie du ja weisst, war ich eine leidenschaftliche Gewerkschafterin und von der kommunistischen Ideologie, wie so viele unserer damaligen Freunde, beeinflusst und überzeugt. Ich wollte mir das Wissen über Marxismus-Leninismus, politische Ökonomie, historischen und dialektischen Materialismus, die Geschichte der internationalen Arbeiterbewegungen und der Sowjetunion aneignen, damit ich jenes nachher in unserem Land weitervermitteln könnte. Ein «neuer» Mensch wollte ich werden und alles Alte und Bürgerliche an mir ablegen. Etwas zu bewirken war mein grosser

Traum und dazu beizutragen, unser System und die verkrustete Klassengesellschaft umzustürzen und neu aufzubauen und all die sozialen Ungerechtigkeiten in einer weltweiten proletarischen Revolution auszurotten. Ich hatte den Entscheid über meine Abreise während Wochen in mir herumgetragen, dir aber nichts sagen wollen, weil ich mich vor deiner Reaktion gefürchtet hatte. Bestimmt hättest du versucht, mich von jenem Vorhaben abzuhalten. Wir waren verlobt, und du sprachst von einer baldigen Heirat. Jedoch war ich zu jung und zu unreif für einen solchen Schritt und zu jenem Zeitpunkt noch nicht bereit, eine eheliche Bindung einzugehen und ein kleinbürgerliches, spiesserisches Leben zu führen.

Es kommt aber noch etwas anderes hinzu. Als ich damals nach Moskau abreiste, war ich schwanger. Schwanger von dir, André. Ich hatte vorher nie eine Beziehung mit einem anderen Mann gehabt. Du bist Vater einer Tochter. Sie heisst Anna und ist mittlerweile beinahe volljährig. Anna, nach Tolstois Roman *Anna Karenina*, eine weibliche literarische Figur, die mich schon immer fasziniert hatte. Es ist der Moment gekommen, in dem ich mich verpflichtet fühle, dir dieses, bis jetzt verhüllte, Geheimnis anzuvertrauen. Vor einem halben Jahr wurde mir Leukämie diagnostiziert, und gemäss meinem Arzt habe ich noch eine Lebenserwartung von höchstens ein paar Monaten. Ich spüre, dass sich der Tod bald nähert, denn all meine Kräfte und mein Lebenswille schwinden allmählich dahin. Es strengt mich auch unheimlich an, meine Gedanken zu ordnen und diesen Brief zu schreiben. Doch noch vor meinem Ableben will ich die Sachen geordnet haben und mit mir selbst und der Welt im Reinen sein.

Ich hatte bereits vor meinem damaligen Wegzug um meinen Zustand gewusst. Trotz meiner Schwangerschaft konnte ich mich aber in der Parteischule in Moskau einschreiben und die Lehrgänge bis zur Niederkunft des Kindes absolvieren. Nach einem kurzen Mutterschaftsurlaub übergab ich Anna der Kinderabteilung der Lehranstalt, wo sie tagsüber von Genossinnen betreut wurde. Die kommunistische Partei war in dieser Sache sehr gut organisiert, und je früher eine Person in den offiziellen Parteiapparat miteinbezogen wurde, desto besser.

An der Akademie lernte ich auch meinen späteren Ehemann Jakob kennen, einen Schweizer aus dem Freiburgischen, der bereits einige Kurse weiter war als ich. Ein Jahr später heirateten wir und zogen in eine kleine Wohnung in einem Moskauer Vorort, wo wir unsere Tochter gemeinsam aufzogen. Jakob akzeptierte dazumal die Tatsache, dass Anna nicht von ihm stammte, und übte seine angenommene Vaterrolle, jedenfalls anfangs und gegen aussen hin, gut aus. Wir beschlossen, dass wir jenen Umstand so auch weiterhin als Geheimnis zwischen uns mittragen würden, weil ich wollte, dass Anna in einer «normalen» Familie mit Mutter und Vater und ohne die spätere Stigmatisierung des unehelichen Kindes in der Gesellschaft aufwachsen könnte. Ein gutbürgerlicher und konservativer Gedanke, gell. Wir Menschen leben halt mit unseren unzähligen Widersprüchen in uns, und vielmals zwingt uns die Realität, gegensätzlich zu unseren eigenen Vorstellungen, meist aus Opportunismus, sozialem Druck, Angst oder nur auch aus Bequemlichkeit, zu handeln.

Die Zeit an der Leninschule war hart und intensiv. Neben der Betreuung meiner Tochter musste ich in Nachtschichten Russisch lernen und mir die umfangreiche schulische Materie aneignen. Für Freizeit und Musse blieben mir nicht viele Stunden in der Woche übrig. Trotzdem pflegten wir in unserer studienfreien Zeit regelmässigen Kontakt zu Mitstudenten, und ich lernte Genossen kennen, die für die Komintern arbeiteten und für die Verbreitung der sogenannten proletarischen Weltrevolution indoktriniert wurden.

Kurz nach meiner Abreise nach Moskau brach der Krieg in Spanien aus. Für Stalins Aussenpolitik wurde jener Konflikt ein wichtiger Pfeiler, um in Westeuropa seine Macht zu demonstrieren und diese auszubauen. Auf Anordnung des Politbüros wurde eine spezielle Einheit von internationalen Studenten gebildet, die nachher für die Rekrutierung und die Verschiebung der kommunistischen Kämpfer nach Spanien zuständig wurde und bei der Organisation der Internationalen Brigaden im Land mitbeteiligt war. Einer der Genossen aus der deutschsprachigen Klasse jener Einheit war Walter Wagner. Er hatte bereits Kontakte mit Parteigenossen in Spanien etabliert. Kurz darauf, nachdem ich ihn kennengelernt hatte, wurde er als schweizerischer Parteifunktionär und offizieller Delegierter von Moskau in den Bürgerkrieg geschickt.

André, Walter war es auch, der Otto Brunner den Auftrag gegeben hatte, dich aus dem Gefängnis in Madrid von den Anarchisten freizuhandeln. Er war es auch, der dich und unseren Berner Kameraden Dobler für die geheime Operation der Oerlikon-Kanonen ausgewählt hatte. Wagner musste sich bei der russischen Parteiführung behaupten und konkrete und rasche Resultate vorlegen. Die Waffenoperation aus der Schweiz war eine passende Gelegenheit, sich zu beweisen. Dazu brauchte er aber zuverlässige Leute vor Ort, wie dich oder Dobler.

Brunner war nur eine Marionette und handelte in jedem Moment nach den Anweisungen von Moskau. Ich setzte mich damals mit allen meinen Kräften ein und mobilisierte meine Kontakte im Politbüro bis auf die oberste Führungsstufe in der Parteizentrale, damit dir nicht das gleiche Schicksal zustossen würde wie Dobler. Brunner hatte den Auftrag, dich vor den Geheimdiensten zu schützen. Du kannst dies glauben oder nicht, aber im Krieg in Spanien gab es keine Zufälle. Alle Fäden wurden letztendlich von den internationalen Machtzentren aus gesponnen.

Kurz vor dem Ausbruch des Zweiten Weltkrieges zogen wir als junge Familie wieder in die Schweiz zurück. Die politische Lage in der Sowjetunion war heikel und unerträglich geworden. Stalin säuberte willkürlich und mit harter Hand das ganze Land von Trotzkisten, und wir Ausländer wurden zunehmend mit höchster Skepsis beäugt. Überall witterte man Abweichler und Verräter. Beinahe wöchentlich wurden wir vom NKWD ausgefragt und mussten wieder und wieder bis ins letzte Detail unsere Lebensläufe niederschreiben. Akribisch wurde dann nach Lücken und Ungereimtheiten in den verschiedenen Erzählungsversionen gesucht, über die wir nachher Rechenschaft ablegen mussten. Überall tauchten Spitzel des Geheimdienstes auf, einige Kameraden wurden grundlos denunziert, und wir konnten niemand mehr über den Weg trauen. Auch unter uns Schweizern herrschte eine angespannte Lage. Wir sahen uns schliesslich genötigt, die Parteischule abzubrechen und eiligst nach Bern zurückzukehren. Wir ahnten, dass sich der internationale Konflikt zuspitzen würde, und wollten im Krieg in unserem Land ausharren und dieses, wenn nötig, auch verteidigen.

Die Rückkehr in die Schweiz war nicht einfach. Wir waren gebrandmarkt von unserem Aufenthalt in Moskau und wurden vom Grossteil der Leute – auch denjenigen unserer Gewerkschaft – gemieden und isoliert. Ausserdem wurde unsere Ehe nie offiziell von den Behörden anerkannt, weil wir in der Sowjetunion von einem kommunistischen Richter getraut worden waren. Wir lebten also in einem illegalen Konkubinat zusammen, was wir gegen aussen vor den Nachbarn vertuschen mussten.

Jakob wurde dann im September 1939 für den Aktivdienst mobilisiert. Von jenem Zeitpunkt an musste ich mich allein mit meiner Tochter durchschlagen. Ich nahm verschiedene schlecht bezahlte Aushilfsarbeiten an, um über die Runden zu kommen. Die Rückkehr ins Zivilleben nach dem Zweiten Weltkrieg machte Jakob zu schaffen. Vergeblich suchte er während Monaten eine Arbeitsstelle. Zudem wurde ihm auch klar, dass wir nicht mehr in der Lage wären, ein Kind zu bekommen und unsere Familie mit gemeinsamen Nachkommen zu vergrössern. Er wurde zunehmend frustrierter mit seinem Leben und begann zu trinken. Wir stritten uns oft und auch in der Gegenwart von Anna. Noch im gleichen Jahr, nach dem Kriegsende in der Weihnachtszeit, erschoss er sich mit seiner Dienstwaffe in einem Wald hinter dem Gurten.

Die Jahre verstrichen, und Anna und ich hatten uns an ein Leben zu zweit ohne Vater und Ehemann gewöhnt. Ich fand eine Festanstellung als Schriftsetzerin beim Bundesamt für Landestopographie, die ich aufgrund meiner exzellenten kalligraphischen Fähigkeiten erhalten hatte. Tagsüber ging Anna zur Schule und spielte an den Nachmittagen mit den Nachbarskindern in der Berner Altstadt, wo wir an der Junkerngasse eine kleine Mietwohnung fanden. Als Anna ein wenig grösser war, trat sie für einige Jahre in den Verein der Roten Falken ein, mit dem sie an den Wochenenden bei Wanderungen und anderen Anlässen mitmachte.

Nichtsdestotrotz konnte ich Anna nie von meinen Idealen überzeugen, und sie will auch bis heute nichts von Politik wissen oder etwas mit einem aktiven politischen Engagement zu tun haben. Vor drei Jahren trat sie eine Lehrstelle als kaufmännische Angestellte an und hat diese vor Kurzem erfolgreich abgeschlossen. Dank meinem Kontakt zu Rechtsanwalt Dr. Zumtor, der in verschiedenen Verwaltungsräten sitzt und über ein breites Beziehungsnetz verfügt, kam Anna bei der Firma Blasercafé an der Effingerstrasse in Bern unter. Gemäss Zumtor ist diese Firma stark am Wachsen. Der Verkauf des aus Zentralamerika importierten und in Bern gerösteten Kaffees blüht und wird im ganzen Land und sogar im nahen Ausland abgesetzt. Anna ist also beruflich gut aufgehoben und wird wenigstens mit ihrer finanziellen Situation in den nächsten Jahren, wenn ich nicht mehr da sein werde, über die Runden kommen.

Ich hatte Anna nie etwas von dir erzählt, und sie weiss bis heute nicht, dass Jakob nicht ihr richtiger Vater war. Das Trauma vom Selbstmord meines Mannes sollte sie möglichst schnell verarbeiten, und ich wollte ihr nicht noch zusätzliche Steine in den Weg legen, die sie belasten würden und die einem Kind nicht so leicht zu erklären wären. Ich sagte mir immer, dass ich ihr die Wahrheit dann eines Tages, wenn sie erwachsen wäre, offenbaren würde. Doch bis jetzt habe ich es nicht übers Herz gebracht. Anna ist der einzige Mensch, den ich noch habe und der mich in meiner Krankheit begleitet. Ich merke, dass sie unter diesen Umständen leidet und mit grosser Besorgnis der Zeit nach meinem Ableben entgegensieht.

André, nun kennst du den Verlauf meines Lebens nach unserer Trennung, und du kannst selbst entscheiden, wie du mich für meine Taten beurteilen und in Erinnerung behalten willst. Ob du mir glaubst oder nicht, ich hatte dich dazumal sehr gern, und ich denke noch heute in zärtlicher Weise an dich. Die äusseren Umstände liessen es einfach nicht zu, ein gemeinsames Leben zu führen. Ich übergebe nun dir die Wahrheit über unsere Tochter weiter, und es liegt an dir, ob du Anna in dein Leben eintreten lassen willst oder nicht. Ich wünsche dir von ganzem Herzen ein erfülltes und langes Leben und umarme dich ein letztes Mal.

Elisabeth « Bethli »
Bern, 13. November 1956

Epilog: El Valle de los Caídos

Bei der Eröffnung des Mausoleums im *Valle de los Caídos* (Tal der Gefallenen) durch den Generalísimo am 1. April 1959, just zum zwanzigsten Jahrestag des Kriegsendes, verkündete dieser mit pompöser diktatorischer Propaganda, dass der Ort zur Versöhnung der beiden Kriegsparteien dienen solle, aber der «glorreiche Tag des Sieges» nie vergessen werden dürfe. Von Versöhnung also keine Spur, sondern nur die Glorifizierung seines Regimes und seiner Person für die Ewigkeit.

Das riesige, 150 Meter hohe Steinkreuz im Tal ist aufgefüllt mit nicht identifizierten menschlichen Gebeinen von über 33'000 im Krieg gefallenen Soldaten von beiden Kriegsparteien. Errichtet am Fusse des Guadarrama-Gebirges unweit von Madrid, ist das Mahnmal von weit her ersichtlich. Das Kreuz und die aus dem Gestein ausgehöhlte Basilika wurden von über 20'000 Zwangsarbeitern (mehrheitlich inhaftierte politische Regimegegner) in Fronarbeit und während über zwanzig Jahren unter unmenschlichen Bedingungen und mit zahlreichen Todesopfern während der Arbeiten gebaut. Im Hauptteil des aus dem Gestein herausgehauenen düsteren Kulttempels befinden sich die Grabstätten des Diktators und des spanischen Faschistenführers der *Falange Española*, José Antonio Primo de Rivera.

Während der Recherchen und der Niederschrift dieses Buches, die sich über eine Periode von über fünf Jahren erstreckten, geht in Spanien die endlose politische Diskussion weiter, wie mit der jüngsten Zeitgeschichte umzugehen sei.

Nicht unbedingt die Verarbeitung des Bürgerkriegs steht in der Debatte im Vordergrund, sondern vor allem die lange Nacht der Franco-Diktatur, die nach dem Sieg der Faschisten bis ins Jahr 1975 (als Francisco Franco am 20. November mit beinahe 83 Jahren stirbt) über dem Land andauerte und offiziell mit der vom Volk angenommenen Verfassung vom 6. Dezember 1978 endete. Es geht vor allem darum, die sterblichen Überreste von Personen, die in Massengräbern über die ganze spanische Geografie verteilt sind, auszugraben und zu identifizieren (wenn dies möglich ist) und diese dann würdig zu begraben und so jene düstere Episode des vergangenen Jahrhunderts abzuschliessen. Man spricht von mehr als 114'000 Personen, die Opfer von Gewalttaten wurden und deren sterbliche Reste unidentifiziert in Massengräbern oder vergraben an ehemaligen Exekutionsplätzen liegen.

Bei der politischen Diskussion geht es aber auch darum, die Geschichtsschreibung, die, wie immer, von den Siegern eines Konflikts geformt und für offiziell erklärt wird (im spanischen Fall also vom Franco-Regime), anhand von Fakten zu überprüfen und diese aus unserer zeitlichen Distanz objektiv aufzubereiten und an die kommenden Generationen weiterzugeben. In den Medien wird oft debattiert, wie andere europäische Länder mit diktatorischen Vergangenheiten ihre Geschichte aufbereiten. Doch irgendwie passen diese historischen Schemen nicht in dieses Land. Oder wie zu Franco-Zeiten jeweils gesagt wurde: «*España es diferente*». In Spanien laufen die Dinge halt anders.

Es gibt aber auch eine lange Liste von weiteren Themen, die zur Diskussion stehen und historisch noch zu redigieren sind: die physische und psychische Repression der «Verlierer» im Konflikt (Republikaner und ideologisch Andersdenkende) durch das Regime nach dem Kriegsende (*La Posguerra y «Los años de la victoria»* – die Nachkriegszeit und die «Jahre des Sieges»), die Konzentrations- und Arbeitslager, die Kollaboration mit Hitlerdeutschland (*División Azul*), Dutzende von Kindesrauben bei der Geburt, die Diskriminierung von politischen Gegnern bei der Berufsausübung, die Exilierten (gegen 500'000), Zensur, Besitzenteignungen und Korruption des Regimes, Hungersnot und Armut in den Jahren nach dem Krieg und die wirtschaftliche Autarkie, die Verfolgung von Homosexuellen und Freimaurern, die Rolle und der Einfluss der katholischen Kirche, die sich mit Franco verbündet hatte etc. etc.

Es geht aber auch darum, dass eine sachliche Diskussion die definitive Aussöhnung zwischen den «beiden Spanien» möglich machen kann. Während die einen sagen, dass dieser Versöhnungsprozess 1975 bis 1978 in der «*Transición*» (Übergangszeit) zur Demokratie bereits abgeschlossen worden sei und die Wiederaufnahme historischer Themen nur zur Folge habe, dass alte Wunden wieder geöffnet und zu revanchistischen und politischen Zwecken missbraucht würden (diese Darlegung wird vor allem von konservativen Parteien gebraucht), argumentieren die anderen (die progressiven Linksparteien), dass der Versöhnungsprozess nach der Diktatur unzureichend gewesen sei und die damaligen Politiker und Väter der Verfassung («*La Constitución*») wichtige Themen unter den Tisch gewischt hätten, um keine Sensibilitäten zu verletzen, den demokratischen Prozess nicht zu behindern und nicht zu riskieren, dass das alte Regime die Macht nicht abgibt. Das alte Regime mittels einer Generalamnestie zu entlasten, sei ein kapitaler Fehler gewesen.

Jener Kompromiss, der die gültige Verfassung und die moderne Demokratie in Form einer konstitutionellen, parlamentarischen Monarchie möglich gemacht hat, soll nun gemäss den linken und den nationalistischen katalanischen und baskischen Parteien wieder aufgenommen und prioritär auf die politische Agenda gebracht werden.

Bereits der sozialistische Regierungschef José Luis Rodríguez Zapatero (2004–2011) hat dies als Mandat im Gesetz

«*Ley de Memoria Histórica*» verabschiedet, doch die wirtschaftliche Krise im Land und der Regierungswechsel zum konservativen Partido Popular unter Mariano Rajoy (2011–2018) hatten zur Folge, dass dieses Gesetz jeweils in den Jahresbudgets nicht mit finanziellen Mitteln ausgestattet wurde und daher kaum reale Konsequenzen hatte. Es stimmt, dass die Verwaltungen verschiedener Städte in den vergangenen Jahren Franco-Symbole niederrissen oder Namen von Strassen und Plätzen mit einem faschistischen Hintergrund umbenannten. Doch sind diese Aktionen eher von zu geringer Tragweite, um mit einer so markanten politischen Epoche, wie dies der *Franquismo* war, tabula rasa zu machen.

Der durch ein Misstrauensvotum und die parlamentarische Abwahl von Rajoy an die Macht gekommene sozialistische Präsident Pedro Sánchez (2018) hat gleich in einem seiner ersten Amtsauftritte klargestellt, dass unter seiner Regierung das *Memoria Histórica*-Gesetz wieder zu neuem Schwung kommen und die Verarbeitung der Diktatur mit all ihren Konsequenzen durchgezogen werde.

Eine wichtige Initiative dieser Regierung ist die Evakuation des Diktators aus dem *Valle de los Caídos* und die Umgestaltung der faschistischen Kultstätte zu einem Ort der Versöhnung und der geschichtlichen Aufklärung. Trotz der Neuwahlen am 28. April 2019 hat die Regierung von Sánchez noch vor deren Ankündigung beschlossen, den Diktator im Juni dieses Jahres definitiv aus seiner Ruhestätte zu holen und ihn im Friedhof des Dorfes *El Pardo* bei Madrid zu bestatten, wo auch seine Gattin Carmen Polo bestattet ist. Die Erben von Franco und die «*Fundación Francisco Franco*» (ja, diese Stiftung gibt es, und sie wurde sogar während Jahren mit Stipendien versorgt …) haben daraufhin alle möglichen juristischen Einsprüche erhoben, wurden aber mit ihren Rekursen von den Gerichten zurückgewiesen.

Am 24. Oktober 2019 war es dann so weit. Während des ganzen Tages wurde Minute für Minute die Exhumierung des Diktators live im Fernsehen übertragen. Ein Helikopter beförderte den Sarg vom *Valle* auf den vorgesehenen Friedhof. Einige wenige rechtsextreme Gruppierungen versammelten sich vor Ort und schrien mit provokativen *Falange*-Parolen ihr Unbehagen gegen den «profanen» Akt heraus. Doch es entbrannte keine generelle Protestwelle im Land, und seit jenem Tag ist es ruhig geworden um die Mumie, und nun – wenn es Gott wirklich so will – ruht Franco definitiv in Frieden in seiner neuen Familienkrypta. Die Geschichtsdiskussion im Lande und ihre Aufbereitung zwischen den «beiden Spanien» wird jedoch fortgesetzt und wohl noch Generationen dauern.

Nachwort des Autors

Ein offizielles staatliches Museum, in dem der Spanische Bürgerkrieg auf eine didaktische Art und Weise erklärt würde, gibt es in Spanien nicht. Mir ist auch nicht bekannt, ob eine solche Initiative je auch einmal vorgeschlagen wurde. Man spricht wohl davon, das *Valle de los Caídos* irgendeinmal in Zukunft in eine Gedenk- und Aufklärungsstätte umzugestalten, die auch dem *Memoria Histórica-Gesetz* gerecht werden sollte. Davon ist man allerdings noch weit entfernt. Es gibt jedoch ein kleines und nicht minder interessantes Museum in Morata de Tajuña, etwa 35 Kilometer südöstlich von der *Puerta de Sol* in Madrid entfernt, welches inmitten des damaligen Jarama-Schlachtfeldes liegt. Dieses Museum wuchs aus verschiedenen privaten Schenkungen und ohne nennenswerte öffentliche Unterstützung mit Objekten aus der Schlacht an, die ein engagierter Sammler, Künstler und Hobby-Historiker während vieler Jahre in einem Lokal im Hinterhof des Restaurants *Mesón el Cid* eigenhändig zusammengetragen hat. Goyo Salcedo, der Initiant und Betreiber des Museums, zeigt mit vielen Details auf, wie das Leben der Soldaten und der Zivilbevölkerung damals im Krieg und speziell in der Jarama-Schlacht verlief. Dabei sind nicht nur militärische Objekte wie Waffen, Munitionsreste, Uniformen und taktische Karten zu sehen, sondern auch persönliche Dokumente wie Briefe, Fotos und Zeitungsartikel aus beiden Lagern, dem der Republikaner und dem der Franquisten. Der Besuch bei Goyo in seinem Museum ist nach jeder Einkehr im *mesón* ein Muss. Für mich war vor allem diejenige Visite erleuchtend, bei der ich eine 20-mm-Oerlikon-Kanone im Park vor dem Museum vorfand. Ein militärhistorischer Verein aus Andalusien stiftete das Stück vor einigen Jahren. Dieser Kanonen-Typ kam auch wirklich im republikanischen Heer in verschiedenen Schlachten als Flugabwehr- und Bodenkanone zum Einsatz. Wie diese Waffenlieferung von der damaligen Werkzeugmaschinenfabrik Oerlikon trotz Exportverbot aus der Schweiz nach Spanien gekommen war, habe ich nie tiefer erforscht, sondern die Geschichte selbst erfunden und diese mit dem Verkauf von Swissair-Flugzeugen in Verbindung gebracht.

Auch diese Gegebenheit ist Tatsache, obwohl die damalige nationale Fluggesellschaft bis zu ihrem Konkurs offiziell nie Kenntnis davon hatte, wo die vier ausgedienten Maschinen tatsächlich gelandet waren. Auf diesen Fund stiess ein alter Schulfreund von mir und Oberst im Generalstab der Schweizer Armee in einem Zeitschriften-Artikel (Zeitschrift *Cockpit* 4/2010, Seiten 41–43), den er mir zustellte, als ich ihn angefragt hatte, ob fünfzig Kanonen mit entsprechender Munition in jenen Flugzeugen Platz gehabt haben könnten.

Danach musste ich nur noch den Finanzierungs- und Zahlungsmechanismus der Luftfracht entwerfen und in die Geschichte einbinden. Dazu half mir Peter Kambers Biographie von Wladimir Rosenbaum und Aline Valangin (*Geschichte zweier Leben – Wladimir Rosenbaum & Aline Valangin*), die ich in einem Antiquariat in Zürich aufstöberte. In diesem Buch beschreibt der Autor, wie der sowjetische Geheimdienst damals internationale Tarnfirmen gründete und durch diese den Ein- und Verkauf von Waffengeschäften abwickelte (auch Nazi-Deutschland hat übrigens mittels ausländischer Handelsfirmen ihre Waffenlieferungen an Franco in ähnlicher Weise abgewickelt). Eine zentrale Rolle spielte dabei der in Zürich ansässige Anwalt Rosenbaum, der als Treuhänder für die Abwicklung der Zahlungsflüsse wirkte.

Dass die Spanische Republik damals die Waffen- und Materiallieferungen mit der Veräusserung der Goldreserven aus ihrer Nationalbank finanzierte, beruht ebenfalls auf einer historisch dokumentierten Tatsache. Was hingegen eine landesweite Legende und nicht belegt ist, ist, dass jenes Gold in einer Höhle in der Algameca-Bucht von Cartagena gelagert gewesen wäre. Allerdings erfolgte die Goldlieferung (*« El oro de Moscú »* – das Moskau-Gold) nach Odessa in der damaligen Sowjetunion im Oktober 1936 mit vier Frachtschiffen von jenem Mittelmeerhafen aus und wurde vom Stalin-Abgesandten und Spion Alexander Orlow vor Ort überwacht. Cartagena war seit den Zeiten der Phönizier eine der bedeutendsten Hafenstädte im westlichen Mittelmeer. Der grossflächige Naturhafen ist in einer durch Hügelzüge geschützten Bucht eingebettet und war ein enorm wichtiger Umschlagplatz für die Importe von Waren- und Kriegsmaterial für die Republik.

Aus diesem Grund war Cartagena immer wieder Angriffsziel von feindlichen Bombardierungen im Bürgerkrieg. Auch das in der Geschichte beschriebene Santa Lucía-Quartier unweit des Hafens litt unter den feindlichen Aggressionen. Familienangehörige meiner Frau, die dort aufgewachsen waren, erfuhren diese als Kinder am eigenen Leib und schilderten mir ihre Erlebnisse von damals in eindrücklicher Weise. Heute kann man als Tourist einen nachgebauten Schutzraum an der Altstadtmauer von Cartagena besuchen, in dem man etwas von den damaligen Bedrohungen der Bombenangriffe nachfühlen kann.

Die offizielle Geschichte eines Krieges wird stets vom Sieger des Konfliktes geformt und erzählt. Vielmehr noch, wenn sich der Sieger wie nach dem Ausgang des Spanischen Bürgerkrieges in einer fast 40-jährigen Diktatur verschanzte. Die offizielle Version des Franco-Regimes und der Franquisten, in der diese sich als Retter durch ihren « glorreichen Feldzug » gegen die Feinde von Spanien darstellten, wird seit Jahren im demokratischen Spanien revidiert.

Aber nicht nur die wissenschaftliche Aufbereitung historischer Tatsachen blühte nach 1975 auf, sondern auch Veröffentlichungen von fiktionalen Erzählungen und sogar Comics überschwemmten seither den Büchermarkt. Daneben sind bis heute unzählige Kino- und Fernsehfilme, Serien und Theaterstücke mit dem Thema als Hintergrund produziert worden, die zur Aufklärung der jüngeren spanischen Geschichtserzählung durchaus wertvoll sind. Ein kriegerischer Konflikt bringt eben unzählige Geschichten von Menschen, Familien und ihren Schicksalen hervor, die ganz gut aus zeitlicher Distanz erzählt und dem Publikum als ein Stück ihrer eigenen Vergangenheit nahegebracht werden können.

Und warum vor diesem Hintergrund nicht auch Schweizer darin einbetten? Biographische Anregungen zu den wirklichen «Spanienfahrrern» von damals, zu deren Herkunft, Berufen, Motivationen, den Stationen im Bürgerkrieg und – sofern sie überlebten – ihrer Rückkehr in die Schweiz gibt es genügend im Handbuch von Peter Huber und Ralph Hug (*Die Schweizer Spanienfreiwilligen*). Dieses Werk diente als Basis und gab mir die Ideen für die erfundene Geschichte des wirklichen André Jobin.

Obwohl nicht alle dieser Spanienfreiwilligen aus einer noblen und vielleicht auch, aus unserer heutigen Sicht, etwas zu blinden und naiven ideologischen Überzeugung dem Ruf zur Verteidigung einer Demokratie folgten, wäre es schade, wenn sie und ihre Geschichten vergessen würden.

Dezember 2021 – Madrid und Isla Plana – Cartagena (Murcia)

Über diesen Roman
Betrachtungen von Jaime Siles

Kriege beginnen viel früher, als sie beginnen, und enden – wenn sie überhaupt enden – viel später, als sie militärisch enden. Der Spanische Bürgerkrieg ist und war keine Ausnahme von dieser Regel. Einige Historiker datieren seinen Ursprung auf das durch mehrere Militärputsche und drei Bürgerkriege gekennzeichnete 19. Jahrhundert. Andere sehen seinen Beginn in der sogenannten «Asturien-Revolution» vom Oktober 1934 und der darauf antwortenden repressiven Kampagne, die von der damaligen Regierung der Republik lanciert wurde.

Viele Historiker betrachten heute den Spanischen Bürgerkrieg von 1936–1939 als ein Vorspiel zum Zweiten Weltkrieg von 1939–1945, den die neuere Geschichtsschreibung bis zum Eintritt von Japan und den Vereinigten Staaten von Amerika im Jahre 1941 wiederum eher als einen «Europäischen Bürgerkrieg» analysiert und definiert denn als einen «Weltkrieg», zu dem er sich dann später tatsächlich ausgeweitet hat.

Die Fakten sind – wie immer – das eine und die Interpretationen vielfältig. Und, wie schon Aischylos warnte, ist in einem Krieg «das erste Opfer meist die Wahrheit».

Aber die Erzählungen und der Roman – im Gegensatz zur Geschichtsschreibung, die vergeblich den Anspruch erhebt, eine Wissenschaft zu sein – vermitteln uns eine mehr oder weniger persönliche Sicht der Ereignisse. Und obwohl in ihnen eine bestimmte Sympathie für die eine oder andere Seite oder eine ideologische Ausrichtung vorherrschen mag, so ist der eigentliche Zweck des Romans doch nur die Darstellung eines Stücks Realität für die Lesenden. Diese und niemand sonst sind seine Adressaten.

Trotz der Tatsache, dass sowohl in Spanien als auch im Ausland bereits unzählige Romane über den Bürgerkrieg veröffentlicht wurden, ist das Thema unerschöpflich und lässt, wie im griechischen Mythos, immer wieder einen neuen Ansatz und Variationen zu. Auch wenn menschliche Geschehnisse irgendwann einmal erlebt und abgeschlossen sind, können diese durch Einbildungskraft und Erinnerungen – eben wie im und mit dem griechischen Mythos – immer wieder von Neuem und aktualisiert vor unserem Gemüt und unseren Augen abgebildet werden.

Der Spanische Bürgerkrieg hat aufgrund seiner historischen Situation und der Einzigartigkeit seiner Charakteristika – sowohl für Einheimische als auch Ausländer – nie an Belang verloren, obschon das Thema oft genug abgehandelt wurde. Im Gegenteil: Da es sich bei diesem Konflikt um ein sehr tiefgreifendes geschichtliches Ereignis und grundlegende menschliche Erfahrungen handelt, erwecken diese jenes anteilnehmende Gefühl, das Aristoteles in der griechischen Tragödie auszudrücken vermochte und welches auch bei den heutigen Lesenden eine undefinierbare Regung hervorruft, in der sich Entsetzen und bewundernde Identifikation zu gleichen Teilen mischen.

Einer meiner ehemaligen Studenten an der Universität St. Gallen, der Schweizer Marc Wiederkehr, hat ein Buch geschrieben, das zu einem – wie gesagt – unerschöpflichen Thema zurückkehrt und dem er eine interessante Variante hinzufügt.

Seine Geschichte konzentriert sich auf eine Figur, die es ihm ermöglicht, ein Familienporträt zu erstellen und gleichzeitig die Kindheit und frühe Jugend des Erzählers zu beschreiben und zu vertiefen. Dabei entnimmt der Autor aus dem Archiv seines Gedächtnisses eine Reihe von persönlichen bedeutsamen Daten, die Unamuno als seine «innere Geschichte» definieren würde, in welcher sich – mehr als in den historischen Ereignissen selbst – die erzählerische Handlung abspielt, in die sich der Leser einordnen muss. Gegliedert und aufgeteilt in eine Abfolge von sehr gut aneinandergefügten Kapiteln und mit einem klaren und präzisen Stil, der in das Deutsch des Autors zum Teil auch die Syntax und Melodie romanischer Sprachen einfliessen lässt, ist sein Buch «Lange Schatten über Spanien» sowohl Fiktion als auch Zeugnis. Grösstenteils in Form von Aufzeichnungen in einem Notizheft konzipiert, entwickelt sich die Geschichte wie ein Spiegelspiel zwischen verschiedenen Zeiten und Räumen, das Interpretationsmöglichkeiten eröffnet und den Lesenden verschiedene erklärende Schlüssel bietet. Die perfekte Struktur des Textes mit dem Brief am Schluss, der wiederum Licht auf den ersten Teil der Erzählung wirft, die detaillierte Beschreibung der Gefechte und die Lebendigkeit der Dialoge charakterisieren die sorgfältig erarbeitete Schreibtechnik.

Mit all dem versachlicht Marc Wiederkehr anhand der am Anfang verwirrten Persönlichkeit seines Protagonisten eine historische und politische Situation, die Spanien wie auch die Schweiz betrifft, und schildert die Teilnahme der fast tausend Schweizer Freiwilligen und Kämpfer der Internationalen Brigaden in unserem Krieg. Dieses Buch ist in gewisser Weise eine Hommage an diese, die neben den Härten ihres Einsatzes an verschiedenen Kriegsfronten auch Zeugen der ständigen Zusammenstösse zwischen Anarchisten und Kommunisten wurden, welche die Kräfte der Republik zusätzlich untergruben.

Der Roman beschreibt aber auch eine Vision des damaligen Spaniens und Europas durch die Augen des Gewerkschafters André Jobin, der anfangs noch keinen übermässigen sozialen Aktivismus zeigt und der gleichzeitig seine Arbeit und seine Verlobte verliert. Ein anderer Gewerkschafter, Hans Tobler, der politisch engagierter ist als dieser, ermutigt ihn, mit dem Fahrrad an die Volksolympiade zu fahren, die als Alternative zu der zur gleichen Zeit in Berlin stattfindenden Olympiade vom 19. bis 26. Juli 1936 in Barcelona abgehalten werden sollte. Der Militäraufstand verhinderte diese, und die beiden Freunde werden in einen schrecklichen und blutigen Bürgerkrieg verwickelt, den Tobler als «historischen Moment» erlebt und angesichts dessen Jobin noch immer unschlüssig darüber ist, was er tun soll. Es ist Tobler, der die Initiative ergreift, indem er Jobin die politische Situation in Spanien deutlich macht und ihn als überzeugten Demokraten dazu bringt, zur Verteidigung der Republik zu den Waffen zu greifen. Die Einbindung der beiden Freunde (und anderer Figuren) in die Handlung erlaubt es dem Autor, sie zur Beschreibung der verschiedenen Kriegsfronten zu benutzen. So werden diese später auch in ein komplexes und riskantes Manöver, in eine ihnen zugewiesene geheime Mission verwickelt, was einer der spannendsten Teile des Buches ist.

Jobins Aufzeichnungen von Juni 1936 bis April 1939, zuerst als Kämpfer und dann als Gefangener, abgeschlossen am 18. Juli 1939 in Witzwil, und der Brief, datiert vom 13. November 1956, umrahmen die Geschichte einer sozialen, moralischen und historischen Erfahrung, die von einer Generation gelebt wurde, im Wunsch, «einen neuen Menschen» zu schaffen, und gezwungen war, sehr unterschiedliche Entscheidungen zu treffen und Wege zu gehen.

«Lange Schatten über Spanien» ist ein fesselnder Bericht, eine sachliche Chronik und zugleich ein historisches und politisches Zeugnis. Als Spanier freue ich mich sehr, dass ein ehemaliger Student von mir diese spannenden und sehr gut dokumentierten Seiten geschrieben hat, in denen er seine Liebe zu meinem Land auf überzeugende und brillante Weise zum Ausdruck bringt.

Valencia, März 2022

Jaime Siles Ruiz
Emeritierter Professor für Lateinische Philologie an der Universität Valencia und Mitglied der Spanischen Königlichen Akademie für Geschichte

Quellenregister – Literatur und Zeitschriften

Ananieva, Anna: Alfred Kantorowicz: Tschapaiew. Das Bataillon der 21 Nationen (1938), in: Erinnern und Erzählen. Der Spanische Bürgerkrieg in der deutschen und spanischen Literatur und in den Bildmedien, herausgegeben von Bettina Bannasch und Christiane Holm, Gunter Narr Verlag, 2005.

Asociación Gefrema: Frente de Madrid – La Batalla del Jarama: 70 Aniversario, Revista de la Asociación Gefrema, 2007.

Asociación Gefrema: Frente de Madrid – La Ciudad Universitaria en guerra 1936–1939, Revista de la Asociación Gefrema, 2012.

Asociación Gefrema: Frente de Madrid – La Casa de Campo, los centros de resistencia. Trincheras de la Guerra Civil, Revista de la Asociación Gefrema, 2013.

Berg, Angela: Die Internationalen Brigaden im Spanischen Bürgerkrieg 1936–1939, Klartext Verlag, Essen, 2005.

Bernecker, Walther L.: Krieg in Spanien 1936–1939, Wissenschaftliche Buchgesellschaft, Darmstadt, 1991.

Cercas, Javier: Soldados de Salamina, Tusquets Editores, 2001.

Chaves Nogales, Manuel: Crónicas de la guerra civil: Agosto de 1936 – Septiembre de 1939; Ediciones Espuela de Plata, 2011.

Chaves Nogales, Manuel: La defensa de Madrid, Ediciones Espuela de Plata, 2011.

De Madariaga, María Rosa: Los moros que trajo Franco, Alianza Editorial, 2015.

De Paz, Pedro: El hombre que mató a Durruti, Literaturas Comunicación, 2010.

Díez, Luis: La batalla del Jarama, Oberón, 2005.

Domingo, Alfonso: El ángel rojo: La historia de Melchor Rodríguez, el anarquista que detuvo la represión en el Madrid republicano, Editorial Almuzara, 2009.

Dueñas, María: El tiempo entre costuras, Temas de hoy, 2009.

El Campesino & Padiou, Maurice: Morgen ist ein anderer Tag (Jusqu'à la mort): Memoiren, Kiepenheuer & Witsch, 1979 (1978).

Enzensberger, Hans Magnus: Der kurze Sommer der Anarchie, Suhrkamp, 1972.

Galán, Juan Eslava: Una historia de la guerra civil que no va a gustar a nadie, Planeta, 2005.

García Sánchez, José: Tal como lo vi: La colectividad de campesinos de Cerdanyola/Ripollet 1936–1939, Mai Més! Cultura i memòria antifeixista, 1981.

Geiser, Carl: Prisoners of the Good Fight: The Spanish Civil War 1936–1939, Lawrence Hill & Company, Westport Connecticut, 1986.

Gibson, Ian: Lorca-Dalí: El amor que no pudo ser, Penguin Random House Grupo Editorial, 2016.

Gibson, Ian: Los últimos caminos de Antonio Machado: De Collioure a Sevilla, Editorial Planeta, 2019.

Gibson, Ian: El asesinato de García Lorca, Penguin Random House Grupo Editorial, 2018 (1971).

Hackl, Erich: Entwurf einer Liebe auf den ersten Blick, Diogenes Verlag, 2001.

Hackl, Erich: So weit uns Spaniens Hoffnung trug, Rotpunktverlag, 2016.

Hellwig, Valentin: « Uns're Heimat ist heute vor Madrid... », Verlag Kitab Klagenfurt, 2010.

Hemingway, Ernest: Wem die Stunde schlägt (For Whom the Bell Tolls), Rowohlt, 1977 (1940).

Hemingway, Ernest: Der Abend vor der Schlacht: Stories aus dem spanischen Bürgerkrieg, Rowohlt Taschenbuch Verlag, 2011 (1938/39).

Huber, Peter: Schweizer Spanienkämpfer in den Fängen des NKWD (Artikel), Schweizerische Zeitschrift für Geschichte, Band 41, Heft 3, 1991.

Huber, Peter & Hug, Ralph: Die Schweizer Spanienfreiwilligen: Biografisches Handbuch, Rotpunktverlag, 2009.

Hug, Ralph: St. Gallen – Moskau – Aragón: Das Leben des Spanienkämpfers Walter Wagner, Rotpunktverlag, 2007.

Hug, Ralph: Schweizer in Francos Diensten: Die Francofreiwilligen im Spanischen Bürgerkrieg 1936–1939 (Artikel), Schweizerische Zeitschrift für Geschichte, Band 61, Heft 2, 2011.

Hug, Ralph: Schweizer unter Franco: Eidgenössische Diplomatie und die vergessenen Opfer der Franco-Diktatur 1936–1947, Rotpunktverlag, 2013.

Hutter, Hans: Spanien im Herzen: Ein Schweizer im Spanischen Bürgerkrieg, Rotpunktverlag, 1996.

Kamber, Peter: Geschichte zweier Leben: Wladimir Rosenbaum & Aline Valangin, Limmat Verlag, 1990.

Kantorowicz, Alfred: Spanisches Kriegstagebuch, Konkret Literatur Verlag, 1979.

Koestler, Arthur: Ein spanisches Testament (Spanish Testament), Europa Verlag Zürich, 2012 (1937).

Kogelfranz, Siegfried: «Sie werden gewinnen, aber nicht siegen» (Artikel), Der Spiegel, 31/1986.

Koller, Christian: Der Spanische Bürgerkrieg und die Schweiz (Artikel), in: Rote Revue: Zeitschrift für Politik, Wirtschaft und Kultur, Band 84, 2006.

Kuhn, Konrad J.: Bündner Spanienfreiwillige zwischen Krieg und Ideologie 1930–1960 (Artikel), Bündner Monatsblatt, Heft 1, Seiten 3–26, 2010.

Longo, Luigi: Die Internationalen Brigaden in Spanien, Das europäische Buch Literaturvertrieb GmbH Berlin – Editori Riuniti Rom, 1956.

Martínez de Pisón, Ignacio: Enterrar a los muertos, Editorial Seix Barral, 2005.

Martínez Pastor, Manuel: Los años de la victoria (la posguerra civil en Cartagena), Editorial Aglaya, 2008.

Mendoza, Eduardo: Riña de gatos: Madrid 1936, Planeta, 2010.

Minnig, Albert: Por el bien de la revolución: Crónica de un anarquista suizo en el Frente de Aragón, Alikornio Ediciones Barcelona, 2005.

Negrín, Juan: La agresión Italo-Alemana contra España: Tres discursos de Juan Negrín, Jefe del Gobierno Español, Ginebra, 1937.

O'Keefe, Ken & M. Calvo, Javier & Montero, Severiano: Lugares de las Brigadas Internacionales en Madrid, Volumen 3 Batallas del Jarama y de la Carretera de la Coruña, Asociación de Amigos de las Brigadas Internacionales (AABI), 2014.

O'Keefe, Ken & Zarza, José Antonio & Montero, Severiano: Lugares de las Brigadas Internacionales en Madrid centro,

Asociación de Amigos de las Brigadas Internacionales (AABI), 2012.

Orwell, George: Mein Katalonien (Homage to Catalonia), Diogenes Verlag, Zürich, 1975.

Pérez-Reverte, Arturo: Falcó, Alfaguara, 2016.

Pérez-Reverte, Arturo: Eva: Una Aventura de Lorenzo Falcó, Alfaguara, 2017.

Pérez-Reverte, Arturo: Sabotaje: Una Aventura de Lorenzo Falcó, Alfaguara, 2018.

Preston, Paul: La Guerra Civil española (A Concise History of the Spanish Civil War), Debolsillo, 2013 (1996).

Regler, Gustav: Juanita, Ex Libris, Zürich, 1986.

Reichmann, Franz: Bei den Gewerkschaften in Barcelona und an der spanischen Front, Zentralvorstand des Bau- und Holzarbeiterverbandes der Schweiz, 1938.

Reverte, Javier: Banderas en la niebla, Penguin Random House Grupo Editorial, 2017.

Reverte Martínez, Jorge: La batalla del Ebro, Crítica, 2003.

Reverte Martínez, Jorge: La batalla de Madrid, Crítica, 2004.

Röder, Sebastian: Die Internationalen Brigaden und der Krieg in Spanien 1936–1939, GRIN Verlag, 2012.

Ruiz, Julius: Paracuellos: Una verdad incómoda, Espasa, 2015.

Sales, Joan: Incierta gloria, Austral, 2017 (1956).

Schmid, Erich: In Spanien gekämpft, in Russland gescheitert: Männy Alt (1910–2000) – ein Jahrhundertleben, Orell Füssli, 2011.

Schneider, Friedrich: Spanien im Sturm: Briefe aus dem Spanischen Bürgerkrieg, Verlag der «Arbeiter-Zeitung», Basel, 1936.

Schürch, Franziska & Koellreuter Isabel, Heiner Koechlin 1918–1996: Porträt eines Basler Anarchisten, Friedrich Reinhardt Verlag, Basel, 2013.

Schürch, Franziska & Koellreuter Isabel, Heiner Koechlin: Ausgewählte Schriften, Friedrich Reinhardt Verlag, Basel, 2013.

Sender, Ramón J.: Réquiem por un campesino español, Ediciones Destino, Colección Destinolibro Volumen 15, 1950.

Silva, Lorenzo: Recordarán tu nombre, Planeta, 2017.

Spiess, Heiner: «... dass Friede und Glück Europas vom Sieg der spanischen Republik abhängt.»: Schweizer im Spanischen Bürgerkrieg, Limmat Verlag, 1986.

Thomas, Hugh: La Guerra Civil Española (Libro I–VI, Tomo 1–12), Ediciones Urbión, 1979.

Torbado, Jesús: En el día de hoy, Editorial Planeta, 1976.

Ulmi, Nic & Huber, Peter: Les combattants suisses en Espagne républicaine (1936–1939), Éditions Antipodes, 2001.

Wullschleger, Max: Schweizer kämpfen in Spanien: Erlebnisse der Schweizer Freiwilligen in Spanien (Interessengemeinschaft Schweizer Spanienfreiwilliger), Verlag der Buchhandlung Stauffacher, Zürich, 1939.

Zschokke, Helmut: Die Schweiz und der Spanische Bürgerkrieg: Für den Freiheitskampf der spanischen Republik, Limmat Verlag, 1976.

Quellenregister – Internet

Asociación de amigos de las Brigadas Internacionales – AABI: https://brigadasinternacionales.org

Buenaventura Durruti, Anarquista: YouTube/Anarquistas

Despedida de Dolores Ibárruri a las Brigadas Internacionales en 1938: YouTube

Die lange Hoffnung. Erinnerungen an ein anderes Spanien. Mit Clara Thalmann und Augustin Souchy: YouTube/Film der Medienwerkstatt Freiburg, BRD

El Monasterio de San Pedro de Cardeña: https://es.wikipedia.org/wiki/Monasterio_de_San_Pedro_de_Cardeña

Escuela de agricultura en la ciudad universitaria: YouTube

Habla Buenaventura Durruti – Mitin de la CNT-FAI (1936): YouTube/Malhaya Damián

Historisches Lexikon der Schweiz (HLS): https://hls-dhs-dss.ch

IG Spanienfreiwillige: https://www.spanienfreiwillige.ch

Schweizerisches Sozialarchiv: https://www.sozialarchiv.ch/2017/02/28/vor-80-jahren-der-spanische-buergerkrieg-und-die-schweiz

Spanien: Revolution und Bürgerkrieg 1936–1939 in Spanien: https://occupydenkfabrikwannfrieden.wordpress.com/2012/07/22/spanien-revolution-und-burgerkrieg-1936-1939-quellen

Spartacus, una checa para guardias: http://guerraenmadrid.blogspot.com.es

Ebenfalls bei Zytglogge erschienen

Joel Bedetti
Lärmparade
Roman
ISBN 978-3-7296-5078-7

Zürich zur Jahrtausendwende: Janosch und Peter wollen mit ihrer Band «Noise Parade» durchstarten. Schnell zeigt sich, dass die beiden gegensätzlichen Außenseiter das Zeug dazu haben. Der vom streng christlichen Vater kurzgehaltene Peter wird auf der Bühne zur Rampensau, der introvertierte Janosch erweist sich als Hitlieferant.

Weil die Schweiz kein Land ist, um Rockstar zu werden, reisen sie ins raue Glasgow. Nach einem ruppigen Start bringt ein Gig vor Hooligans schließlich die Wende: Der erträumte Plattendeal ist zum Greifen nah. Doch der Preis, den sie dafür zahlen müssen, ist hoch.

Ebenfalls bei Zytglogge erschienen

Samuel Schnydrig
Klaus
Leben vor dem Steinschlag
Roman
ISBN 978-3-7296-5060-2

Ein ruhiges Städtchen im Idyll der Schweizer Berge mitten in den Neunzigerjahren. Das ist die Geschichte von Klaus: wie er die Musik und den Rausch entdeckt, seine erste Band gründet, sich unsterblich verliebt, aus der Stammkneipe in die weite Welt zieht, von dramatischen Veränderungen überfahren wird und irgendwie doch zum Glück zurückfindet. Episodisch und linear schlägt der Ich-Erzähler eine Schneise aus Zeitraffer und Slow Motion durch siebzehn Jahre praktizierte Chaostheorie. Vieles, was mit enthusiastischem Dilettantismus zusammengeschustert wurde, zerbricht, während manch anderes Bestand hat, auch wenn es erst entdeckt werden muss.

Der musikalische Generationenroman über die Entwicklung eines Teenagers der 90er-Jahre zum Mittdreißiger der Gegenwart erzählt temporeich und geradlinig eine große Geschichte der kleinen Begebenheiten.

Ebenfalls bei Zytglogge erschienen

Michael Dublin
Die Geschichte nach der Geschichte
Roman
ISBN 978-3-7296-5077-0

Zwanzig Jahre nach dem Tod seines Sohnes besucht Lukas erstmals wieder den Ort, an dem der Elfjährige damals verunglückt ist. Seine Ehe ist unter der Last der Trauer zerbrochen, beruflich ist er auf dem Abstellgleis gelandet. Er wird mit Erinnerungen konfrontiert, mit denen er längst abgeschlossen zu haben glaubte und die ihn die Vergangenheit von Neuem erleben lassen.

Der Roman erzählt die Geschichte eines unverhofften Neuanfangs, dem schmerzhafte Erkenntnis und späte Selbstwahrnehmung vorangehen. Ein leiser Text, der große Regung veranschaulicht.

Ebenfalls bei Zytglogge erschienen

Franziska Laur
Die Schatten der Ahnen
Niedergang einer Schweizer Familiendynastie
ISBN 978-3-7296-5088-6

Franziska Laur erzählt von ihrer Familie, die ein Stück Schweizer Geschichte geschrieben hat. Von ihrem Urgrossvater Ernst, dem «Bauerngeneral», der seine Männer in den Kampf gegen die streikenden Arbeiter sandte. Von ihrem Grossvater Ruedi, dem Hüter des Silberschatzes von Augusta Raurica. Von ihrem mit seinem Leben hadernden Vater Arnold, der im Mittelpunkt dieser Familiengeschichte steht. Und von ihren beiden früh verstorbenen Brüdern Andi und Stiwi, die in den 68er-Jahren zu politischen Ikonen wurden.

Vier Generationen einer Familiendynastie, über ein Jahrhundert Schweizer Geschichte: eine Familiensaga mitten aus dem Leben.

Ebenfalls bei Zytglogge erschienen

Daniel Grob
Schueni, der Knecht
Roman
ISBN 978-3-7296-5072-5

Ein Dorf in den Schweizer Voralpen. Johann, genannt Schueni, ist ein Aussenseiter. Er ist krumm gewachsen und seine Gedanken sind verdreht. Er wird verspottet und schikaniert. Nur mit dem Bauern, seiner Geiss und Lena, der Tanneck-Bäuerin, versteht er sich. Doch Lena stirbt, die Zeiten ändern sich und Schueni muss auf eigenen Beinen stehen.

In seinem alles andere als idyllischen Heimatroman zeichnet Daniel Grob ein realistisches Bild eines Bergdorfes zwischen bröckelnder Tradition und ungewissem Aufbruch.

Ebenfalls bei Zytglogge erschienen

Peter Hossli
Revolverchuchi
Mordfall Stadelmann
ISBN 978-3-7296-5040-4

Anhand erstmals zugänglicher Gerichtsakten zeichnet Peter Hossli «eines der grausamsten Verbrechen der schweizerischen Kriminalgeschichte» nach, wie Zeitungen den Mordfall Stadelmann damals beschrieben. Es ist das Jahr 1957. In der Schweiz boomt die Wirtschaft. Der russische Satellit Sputnik schockiert den Westen. Und Max Märki, 25, verheiratet, Vater dreier Kinder, Gipser aus dem Kanton Aargau, verliebt sich in die 20-jährige norwegische Hilfsköchin Ragnhild Flater. Gemeinsam wollen sie nach Amerika. Um das nötige Geld zu beschaffen, drehen sie ein krummes Ding. Vieles geht schief. Ein Mann stirbt. Ein Polizist blamiert sich. Ein Fluchtversuch scheitert. Ein Auto geht in Flammen auf.

Die packende Rekonstruktion eines aufsehenerregenden Kriminalfalls und ein beklemmendes Zeitporträt im Stil des ‹New Journalism›. In der akribisch recherchierten Erzählung offenbaren sich sämtliche Schattierungen des Menschseins.

Ebenfalls bei Zytglogge erschienen

Franziska Streun
Die Baronin im Tresor
Betty Lambert – von Goldschmidt-Rothschild – von Bonstetten
ISBN 978-3-7296-5041-1

Das Leben der aus der Brüsseler Lambert-Bankiersfamilie und der Pariser Rothschild-Dynastie stammenden Baronin spiegelt die Geschichte des 20. Jahrhunderts wider. Die jüdische Adlige floh nach dem Ersten Weltkrieg von Frankfurt am Main in die Schweiz und lebte jahrzehntelang auf dem Bonstettengut in Thun/Gwatt. Dort hielt sie Hof, empfing das internationale Geistesleben und half Verfolgten auf der Flucht vor dem Nationalsozialismus.
 Die Romanbiografie über Betty Lambert liegt in der 6. Auflage vor.

Ebenfalls bei Zytglogge erschienen

Rahel Senn
Ozelot
Roman
ISBN 978-3-7296-5065-7

1958 ist Victoria elf Jahre alt und verbringt viele Nachmittage im Zürcher Frauensekretariat, für das ihre Mutter arbeitet. Sie erlebt, wie sich Frauen in der Schweiz zu Verbänden zusammenschliessen, um sich gegen die fehlenden Rechte der Frau einzusetzen. Zum ersten Mal hört sie den Namen Iris von Roten. Der «Bund Schweizerischer Frauenvereine» baut auf Konsens – die Basler Juristin und Journalistin auf Konfrontation. Kurz vor der ersten Abstimmung zum Frauenstimmrecht 1959 veröffentlicht Iris von Roten ein ebenso provokantes wie radikales Manifest mit dem Titel «Frauen im Laufgitter» und macht sich damit zur meistgehassten Person der Schweiz. Man gibt ihr die Schuld, dass die Abstimmung scheitert.

Immer wieder wird sich Victorias Leben fortan mit dem ihres Vorbilds verweben. Als 21-Jährige schliesst sie sich mit anderen Studentinnen zur Frauenbefreiungsbewegung (FBB) zusammen. Das Stimmrecht wird zum Teil eines grossen Freiheitskampfes.

Ebenfalls bei Zytglogge erschienen

Samira El-Maawi
In der Heimat meines Vaters riecht die Erde wie der Himmel
Roman
ISBN 978-3-7296-5049-7

Heranwachsen im Dazwischen-Sein: Für die zehnjährige Ich-Erzählerin ist vieles nicht so, wie es sein sollte. Zwischen ihren Eltern herrscht ein Ungleichgewicht, ihr Vater wird von der Nachbarin ignoriert und ständig wird sie gefragt, woher sie komme. Und warum wollen ihr eigentlich alle Menschen in die Haare fassen?

Ihre Mutter ist eine emanzipierte Schweizerin, ihr Vater ein stiller, entwurzelter Mann aus Sansibar, der als Koch arbeitet und nicht viel über seine Herkunft preisgibt. Nur, wenn er zuhause in der Küche steht, fühlt er sich seiner Heimat nahe und lässt andere über das Essen daran teilhaben. Dann verliert er die Arbeit. Immer mehr entfremdet er sich seiner Familie und dem Leben in der Schweiz. Die Erzählerin fühlt sich als in der Schweiz geborenes Schwarzes Kind ebenfalls zunehmend heimatlos. Anstatt sie zu unterstützen, will der Vater ihr einreden, dass die Schweiz auch nicht ihr Heimatland sei.

Ebenfalls bei Zytglogge erschienen

Frédéric Zwicker
Radost
Roman
ISBN 978-3-7296-5055-8

Der junge, antriebslose Lokaljournalist Fabian gewinnt bei einem Wettbewerb, an dem er gar nicht teilnehmen wollte, eine Reise nach Sansibar. Dort lernt er Max kennen, einen ebenso irritierenden wie faszinierenden Schweizer Sonderling im Massai-Kostüm, dem er noch am gleichen Tag das Leben rettet. Drei Jahre später treffen sie sich zufällig wieder. Fabian erfährt von Max' psychischer Krankheit, die ihn von der Schweiz nach Zagreb und Sansibar, in eine Ehe, in die Vaterschaft und ins Gefängnis geführt hat. Weil Max' Erinnerungen lückenhaft sind und sein Psychiater ihm rät, sie zu ordnen, beauftragt er Fabian mit dem Verfassen seiner Biographie.

Fabian setzt sich, wie Max 14 Jahre zuvor, aufs Fahrrad und bricht zu einem irrwitzigen Roadtrip auf, der ihn mitten ins Leben führt.

Foto: privat

Marc Arnold Wiederkehr
Geb. 1966 in Bern, wuchs in Zofingen auf und ist lizenzierter Betriebswirtschafter an der Universität St. Gallen. Seit 1995 lebt er in Madrid und arbeitet als selbstständiger Mitarbeiter für verschiedene Werbe- und Kommunikationsagenturen in Spanien und der Schweiz. «Lange Schatten über Spanien» ist sein Debütroman.